Elfriede Kudera

# Tote rufen uns!

## Ein Tatsachenbericht



**Mediatrix-Verlag**
A-3423 St. Andrä-Wördern, Gloriette 5

*Bestelladresse für Österreich:*
Mediatrix-Verlag, A-3423 St. Andrä Wördern, Gloriette 5

*Mediatrix-Buchhandlung,* 1010 Wien, Seilerstätte 16,
gegenüber Ronacher

*Weitere Bezugsadresse:* Mediatrix-Buchhandlung,
84503 Altötting, Kapuzinerstraße 7

www.mediatrix.at

1. Auflage 2009

**ISBN 978 3 902722 04 1**

Herstellung und Druck:
Gutenberg Druck

# Eidesstattliche Erklärung

Hiermit erklären wir an Eidesstatt, daß sich in unserer jetzigen Wohnung von Weihnachten 1945 bis Ende August 1946 Arme Seelen gemeldet haben, die sich durch Klopfzeichen, durch Werfen der verschiedensten Gegenstände und abnorme Handlungen ankündigten, sich fast alle namentlich vorstellten und um Gebete und Heilige Messen baten. Es waren vorwiegend Verwandte und Bekannte von uns, aber auch uns Unbekannte kamen. Die Namen und die Bitten hörte nur die hier unterzeichnende Grete Wieland, das Klopfen hörten wir alle und sahen auch die Gegenstände herumfliegen. Nur einen nahen Verwandten von uns, der sich im August meldete, hörten wir alle. Eine sichtbare Erscheinung der Toten, die verschiedentlich vorkam, hat auch wieder nur Grete Wieland wahrgenommen.

Diese Vorgänge in unserem Hause waren hier in weiten Kreisen der zurückgebliebenen Deutschen bekannt.

Margarete Wieland
Max Brand
Maria Brand

N. N. – Oberschlesien, den 7. Dezember 1951

Die eigenhändige Unterschrift von Margarete Wieland, Max Brand und Maria Brand wird hierdurch amtlich bescheinigt.

N. N., den 10. Dez. 1951 Katholisches Pfarramt
gez. N. N. (Erzpriester)

# Vorwort

Die alte Menschheitsfrage "Gibt es ein Weiterleben nach dem Tode?" beschäftigt den Menschen in dem Maße, in dem er sich selbst ernstnimmt. Leider tun das die wenigsten, und infolgedessen interessiert sie diese Frage nicht, die doch einmal an jeden herantritt, vielfach leider zu spät, da, was einmal versäumt wird, nicht wieder gutzumachen ist. Wenn auch der Vorhang des Dunkels nach dem Tode den Menschen im allgemeinen verschlossen bleibt, so hebt er sich doch mit Gottes Zulassung von Zeit zu Zeit zur Aufrüttelung der Gemüter, damit sie nicht ganz und gar ins Materielle versinken.

Zu allen Zeiten manifestieren sich Seelen Verstorbener, auch unserer rationalistischen und allen mystischen Vorgängen abgekehrten Welt zum Trotz werden noch Erlebnisse mit Armen Seelen berichtet. Ein solcher Bericht liegt hier vor, verfaßt von einer durchaus kritisch eingestellten Persönlichkeit nach eigenem Erleben.

Für die verantwortungsbewußte Aufzeichnung persönlicher Erlebnisse von seiten der Verfasserin kann ich mit gutem Gewissen bürgen, da ich seit Jahren aufs freundschaftlichste mit ihr bekannt bin.

Mögen diese Aufzeichnungen Segen stiften bei den Lebenden und Trost und Hilfe den Toten.

Pater Heinrich Sollors O. F. M.

# Geleitwort

Um die Jahrhundertwende schien der Materialismus auf allen Gebieten gesiegt zu haben: Es gab nur noch eine "Psychologie ohne Seele". Diese war, wie der Geist, zu einer Art Ausschwitzung des Gehirns geworden. Die Folgen dieser Weltanschauung haben wir in zwei furchtbaren Kriegen erlebt.

Doch immer stärker pochen die jenseitigen Welten an unsere Tore, um ihr Dasein zu erweisen. Erst hörten sie nur einzelne, mutige Forscher, die, verlacht und verspottet, das Dasein übersinnlicher Kräfte und Wesen nachzuweisen und zu verstehen suchten. Berühmte Gelehrte wie Zöllner, Driesch, Charles Richet, Sir Olivier Lodge, Lombroso, Schiaparelli und William James befanden sich unter ihnen, opferbereite Privatgelehrte wie Frhr. Dr. A. von Schrenck-Notzing, Du Prel u.a. widmeten ihr Leben diesen Studien. In allen Ländern bildeten sich Forschungsgesellschaften zu diesem Zweck; die älteste und berühmteste, die Society for Psychical Research in London, feierte soeben ihr 80jähriges Jubiläum. Langsam entstanden an einigen Universitäten besondere Laboratorien zur Untersuchung der "außersinnlichen Erfahrungen", zunächst der Telepathie (Gedankenübertragung) und des Hellsehens, die jetzt wohl als wissenschaftlich bewiesen gelten können.

An der Spitze standen Prof. W. McDougall und sein Schüler und Nachfolger Prof. J. B. Rhine an der Duke University in den USA. Neuerdings glaubt man dort auch einen direkten Einfluß des Geistes, der Gedanken, auf die Materie (z.B. fallende Würfel) nachgewiesen zu haben. Freilich handelt es sich hier immer erst um übersinnliche Fähigkeiten des Menschen, die wohl meist in seinem Unterbewußtsein ruhen. Nur zögernd wird ein weiterer Schritt zur Anerkennung der unsterblichen Seele und des Geistes getan und die Möglichkeit einer Verbindung mit den Verstorbenen zuzugeben, d.h. jenen, die den physischen Leib abgestreift haben. Immerhin haben u.a. ein Philosoph vom Range eines Driesch und ein Psychologe von der Bedeutung C. G. Jungs die Möglichkeit solcher Kundgebungen zugegeben.

Die gläubige Seele hat es da leichter. Mit Erschrecken erst, dann mit liebevoller Hilfsbereitschaft vernimmt sie die lauten Rufe, die von drüben zu ihr gelangen, vermittelt Linderung, die Tröstungen der Religion, wo sie nötig scheinen oder erbeten sind, und empfängt ihrerseits Anweisungen und Hilfen in Fährnissen, denen kein menschlicher Rat mehr gewachsen ist. Im unmittelbaren Erleben eröffnen sich ihr Erkenntnisse und Gewißheiten, denen die Wissenschaft nur mühsam nachzuhinken vermag. So ist für den gläubigen Menschen der Materialismus längst überwunden, endgültig widerlegt, während sich die Wissenschaft noch mit seinen letzten Resten herumschlagen muß. Erfahrungen, wie sie in dem vorliegenden Büchlein geschildert sind, können ihr dabei wichtige Hilfen leisten, ohne daß sie das Erkennen aufgeben und den Sprung in einen "blinden Glauben" machen müßte.

Dr. Gerda Walther

(Mitarbeiterin in- und ausländischer parapsychologischer Fachzeitschriften)

# Das Grauen

1945! Was geht vor in der Welt? Ist sie aus ihren Angeln gehoben, ist der Untergang nahe? Sind die Zeichen nicht alle vorhanden, die ihn ankündigen?

Kein Mensch in Deutschland wagt in diesem Jahr an die Zukunft zu denken. Die Gegenwart ist so, daß niemand weiß, ob der Abend ihn noch auf dieser Erde findet. Nicht einmal bis hierher gehen die Gedanken; die Angst vor der nächsten Stunde überschattet alles. Das Grauen vor der kommenden Nacht wird wieder abgelöst vom Grauen vor dem kommenden Tage. Schlaf? Gibt es noch einen Schlaf, in dem der Mensch in Frieden ausruhen könnte? Nein, denn die Angst geht mit in den Schlaf und bohrt weiter in den Gehirnen. Nur die völlige Ermattung des Körpers bringt für kurze Minuten eine Entspannung in einer halben Bewußtlosigkeit. Und war die Nacht nicht immer schon der schwarze Mantel für die schlimmen Taten, die nur Menschen ersinnen können, um das Leben anderer Menschen zu vernichten, ihren teuflischen Lüsten zu frönen oder die letzte Habe dieser Menschen an sich zu bringen?

Schutz! Gerechtigkeit! Menschlichkeit! Was für große Worte, aber doch nur leere Buchstaben, die man zusammengereiht hat und deren Klang längst im Ohr verklungen ist. Ausgelöscht sind sie aus dem Gehirn der Menschen. An ihrer Stelle herrscht Gewalt, die alles unter ihre Füße tritt. Und Dunkel, undurchsichtiges Dunkel liegt rings umher.

So leben die Deutschen, die in den von den Feinden besetzten Gebieten im Osten zurückgeblieben sind.

Verborgen unter den fast noch rauchenden Trümmern ihrer Häuser, zusammengepfercht in ihren kleinen Wohnungen, die man ihnen gelassen hat, um sie ihnen bei nächster Gelegenheit doch zu nehmen, wenn wieder ein Trupp aus dem Osten kommt, der, zerlumpt und verkommen, aber als Sieger, endlich einmal seine Träume erfüllt sieht und sie nun mit wilder Gier in die Tat umsetzt.

Und doch war auch in diesem Hexenkessel Gott.

## Weihnacht der Geschlagenen

Es dämmert. Ein Wintertag im Dezember 1945 geht mit Schnee und Kälte zu Ende. Morgen werden die Weihnachtsglocken läuten – auch für uns?

Ich muß es mich immer wieder fragen; denn für uns gibt es fast keine Freude mehr im Leben. Dieses Leben ist nur noch Angst, und die ist manchmal schlimmer als der Tod.

Ich mache den Umweg über die Berliner Straße. Über die Körnerstraße will ich nicht gehen; da ist die Milizstation. Aus dem Keller hört man immer das schreckliche Geschrei der geprügelten Deutschen, die meist nur wegen der paar Habseligkeiten, die sie noch hatten, gefangengenommen wurden. Kein Deutscher geht ohne Not an einer Milizstation vorbei; denn es geschieht allzu oft, dass er hineingezogen wird. So eile ich am Zaun entlang, der das ehemalige Krankenhaus umgibt, und sehe auf die verschneite Wiese dahinter. Natur, ein wenig Natur, und schon atmet man auf. Wie schön ist alles ohne die Menschen!

Noch über eine Straße, dann bin ich zu Hause. Da höre ich von ferne schreien. Ach, sie führen wieder welche ab, treiben sie wie das Vieh vor sich her, immer die Gewehrkolben in den Rücken stoßend. Fünf Mann Miliz treiben zwei Deutsche, einen Mann und eine Frau. Ich drücke mich in die nächste Haustür und verharre regungslos. Helfen kann ich nicht, nur für sie beten, daß Gott sich ihrer erbarmen möge.

Als der Zug vorbei ist, laufe ich um die Ecke. Ich zähle die Häuser ab; denn es wird wohl nie geschehen, daß ich mich in der Straße auskenne, wo ein Haus so aussieht wie das andere und wo ich immer an die Bienen denken muß, die auch so ihre Stöcke suchen mögen. Dabei wohne ich schon über ein halbes Jahr hier. Mitte März haben sie mich aus meiner Wohnung ausgetrieben, kaum zwei Wochen, nachdem die Russen meinen Mann als Intelligenzler abgeholt und nach Rußland verschleppt hatten.

Nun bin ich da. Hier das vierte Haus ist es. Schnell renne ich die fünf Stufen hinauf. Gleich im Parterre linker Hand ist das Heim, in dem ich aufgenommen wurde. Weiße Gardinen sind an der Wohnungstür. Eine helle Lampe flammt auf, als ich das verabredete Klingelzeichen gebe. Ich bin zu Hause! Deutsche Gesichter, deutsche Sprache, deutsche Menschen!

Herr Brand ist schon daheim, und Vater Wieland sitzt im Lehnstuhl und fragt, ob ich Neuigkeiten bringe. Aber was soll es geben? Seit die Amerikaner in Thüringen zurückgegangen sind und die Russen weiter ins Land hineingelassen haben, ist unsere Hoffnung auf Befreiung zerbrochen. Und wir hatten so gehofft und den

Horizont schon nach Flugzeugen abgesucht! Die Russen und Polen rannten in Furcht umher und waren schon startbereit, um sich wieder in den Osten zurückzuziehen. Stattdessen kam die Nachricht vom Zurückgehen der Amerikaner.

"Nein, ich weiß nichts", sage ich, "grade, daß morgen Weihnachten ist."

Frau Brand macht ein geheimnisvolles Gesicht. Ich hebe die Nase in die Luft. "Nanu", sage ich, "Sie haben wohl doch gebacken?"

Da holt Frau Brand aus dem Schlafzimmer zwei goldbraune Striezel heraus, ganz mit Puderzucker überstreut.

"Aber es ist nur Marmelade drin", sagt sie.

"Nur Marmelade", erwidere ich, "das ist doch sehr gut. Hauptsache, es ist Kuchen. Für den Mohn zu den Klößen sorge ich."

Grete, die Schwester von Frau Brand, ein junges Mädel von zweiundzwanzig Jahren, die auch mit ihrem Vater aus ihrer netten Wohnung hinausgeworfen wurde und sechs Wochen im Gefängnis sitzen mußte, sitzt strickend auf der Couch. "Fisch werden wir auch haben", sagt sie und zählt dabei ihre Maschen ab, "aber natürlich nur Seefisch; Karpfen ist zu teuer."

"Einen kleinen Baum haben wir auch schon", sagt Frau Brand und stellt dabei die Teller auf den Tisch. Es ist Abendbrotzeit.

# Das geheimnisvolle Kellerschloß

"Und hier?" frage ich, "war hier alles in Ordnung?" Ich war meist tagsüber nicht zu Hause, da ich mir mein Brot verdienen mußte.

"Ja", sagt Frau Brand, "denken Sie mal, nun ist es schon zum zweitenmal passiert, daß Grete unseren Keller offen fand, als sie Kohlen holen ging."

"Da muß doch jemand drin gewesen sein", sage ich, "kein Wunder, denn wir haben ja schon genug Polen im Hause, und die haben zu allem Nachschlüssel. Ist denn was weggekommen?"

"Nein, nichts, das ist es ja eben", sagt Frau Brand. "Ich bin gleich hinuntergegangen, als mich Grete rief, und da lag, genau wie das erstemal, das Kellerschloß auf der Erde neben der offenen Kellertür, und das Schloß war richtig abgeschlossen, aber es steckte kein Schlüssel drin."

"Da haben sie hinten die Haspel aufgemacht, und wenn nichts weggekommen ist, müssen sie gestört worden sein", meinte ich.

"Nein, die Haspeln haben sie nicht aufgemacht, die sind ganz in Ordnung", sagte Grete, "nur eben das Schloß lag zugeschlossen neben der offenen Kellertür. An der Tür ist überhaupt nichts gemacht worden."

"Hör schon endlich damit auf", mischte sich Herr Brand ein, "wenn nichts weggekommen ist, ist es ja gut. Wahrscheinlich haben sie eingesehen, daß bei uns nichts zu holen ist.."

"Aber merkwürdig ist es doch", fügte Frau Brand hinzu. Dann war der Vorfall vergessen.

Als das Abendessen vorüber war, beteten wir wie alle Tage gemeinsam den Rosenkranz, legten unsere Ängste und Bitten hinein, unsere Sorgen und Nöte, beteten für unsere fernen Lieben, beteten für die Verstorbenen und baten um ihren Schutz.

Ich muß hinzufügen, daß ich um diese Zeit noch Protestantin war, aber seit dem Frühjahr 1944 ganz geheim Konvertitenunterricht genommen hatte und meinen Mann durch meinen Übertritt überraschen wollte. Dieser hatte sich durch das Einrücken der Russen verzögert. Mein Mann und meine beiden Söhne waren Katholiken. So war ich schon etwas in die katholische Religion eingeführt, wußte aber noch lange nicht das, was man von einer Katholikin erwarten konnte, und stand auch, meiner ganzen Erziehung nach, manchem sehr skeptisch gegenüber. Aber die Marienverehrung habe ich mit großer Freude aufgenommen. Sie war ein Hauptgrund meines Übertritts.

## Der Schauplatz der Ereignisse

Die Wohnung, in der wir damals lebten, war klein. Sie gehörte zu einem großen Komplex von Siedlungsbauten, bestand aus einer Wohnküche, einem großen Zimmer mit einem großen Fenster und einem kleinen Zimmer, das einfenstrig war, dazu noch aus einem Bad und einem sehr schmalen Korridor. Küche und Bad gingen auf einen weiten, mit hohen Bäumen bepflanzten Hof hinaus, der das ganze Viertel umgab. Die beiden Zimmer lagen nach vorn hinaus an einer stillen

Straße, die ebenfalls mit Bäumen bepflanzt war. Die Wohnung lag im Hochparterre; neun Stufen führten zu ihr hinauf.

Diese Beschreibung ist sehr wichtig. Man muß nämlich die Lage der Räume kennen, in denen uns von nun an acht Monate lang die Toten besuchen werden. Im großen Zimmer schliefen Herr und Frau Brand. Die beiden Betten standen mit den Kopfenden an der Längswand, die an das Nebenhaus grenzte. Im Bett von Frau Brand schlief noch ihre Schwester Grete, was sehr gut ging, da die Betten ungewöhnlich breit waren. Herr Wieland, der Vater von Frau Brand und Grete, schlief auf der Couch in der Küche, wo alle Abende für ihn aufgebettet wurde. Ich selber bewohnte das schmale einfenstrige Zimmer, das gleich links neben der Korridortüre lag, gegenüber dem Bad und an das große Zimmer anschließend. Doch war die Tür zu diesem Zimmer durch mein Bett verstellt und außerdem abgeschlossen. Die Klinke, die überragte und dadurch störte, war abgezogen worden. Sie lag als Briefbeschwerer auf meinem Tisch. Die Küchentür befand sich genau der Korridortüre gegenüber. Der Korridor war ungefähr dreieinhalb Meter lang und anderthalb Meter breit. Die Küche hatte ein großes Fenster und eine Altane mit einer Doppeltür gegen den Hof hinaus. Das Fenster im Badezimmer war klein und lag sehr hoch. Hier spielte sich nun all das Folgende ab.

## Wer ist draußen?

Weihnachten! Die Lichter brannten auf dem Tisch; in einem Blumentopf steckte eine kleine Tanne, die wir mit Kerzen und Lametta geschmückt hatten. Leise, ganz leise sangen wir unsere deutschen Weihnachtslieder. Wir durften nur leise singen. Hätten uns die Polen ringsum gehört, so hätten wir wohl am nächsten Tag kein Dach mehr über dem Kopf gehabt.

Ich dachte an meine Lieben und wußte nicht, wo ich sie suchen sollte. Ich dachte an meine Mutter und meine Schwester und wußte noch nicht, daß meine Mutter schon vor fünf Tagen, am 19. Dezember, gestorben war und meine Schwester allein bei ihrer Leiche saß.

So sahen wir in die Lichter, und unsere Augen umflorten sich. Endlich war der gefürchtete Festabend vorbei, und jeder suchte sein Lager auf.

Der erste Feiertag kam: Wir saßen abends wieder beisammen, der Tisch war nett gedeckt. Auch in den allerschlimmsten Zeiten versucht der Mensch dem Tage noch einen hellen Schimmer abzugewinnen. Wir hatten den Baum noch einmal angezündet. Auf die kleine Küchenkommode hatten wir das Bild der Gottesmutter und dazu die Bilder aller unserer Lieben gestellt und hatten wieder zusammen gebetet. Um 9.30 abends wollten wir schlafen gehen. Grete war kurz vorher schon ins Schlafzimmer gegangen und hatte sich hingelegt. Auch das Bett für Vater Wieland war schon gemacht.

Da klopfte es auf einmal stark an das Schlafzimmerfenster, das zur Straße ging. Wir hörten es alle. Frau Brand ging ins Zimmer, machte das Fenster auf und sah hinaus. Niemand war da!

Grete lag wach im Bett, das heißt, sie war von dem Klopfen aufgewacht. Ich ging zu Frau Brand, und wir sahen gemeinsam hinaus in der Meinung, es wolle noch jemand ins Haus. Beim Finsterwerden wurde die Haustür immer mit Balken verrammelt, damit sie auch keinem gewaltsamen Öffnen nachgab. Auf uns, die wir im Parterre wohnten, war einfach das Amt des Pförtners übergegangen. So kam es, daß die heimkehrenden Hausgenossen, in diesem Fall fast nur die Polen, uns mit ihren Schirmen oder Stöcken an die Fenster klopften, da sie diese sonst nicht erreicht hätten. Sehr oft auch mußten wir ihre Besuche herein- oder hinauslassen. Sie waren ja die Herren des Landes! Außerdem taten wir es unserer eigenen Sicherheit wegen am liebsten selber, da sonst kaum mehr richtig verschlossen worden wäre.

Bei diesem Klopfen nun war niemand zu sehen. Wir glaubten an einen Überfall, einen sehr alltäglichen Vorgang damals. Gleich darauf kopfte es auch an das Badezimmerfenster, das gegen den Hof hinausging. Nun glaubten wir, wir sollten abgelenkt werden, damit man umso leichter eindringen könne. Da die Fenster alle so hoch lagen, daß sie nur mit einem Stock erreicht werden konnten, das Klopfen sich aber anhörte, als ob mit der Hand, also mit dem Fingerknöchel geklopft würde, mußten wir annehmen, daß einer auf den Schultern eines anderen stand. Wir wunderten uns sehr, daß wir weder auf der Straße noch auf dem Hof jemand sehen konnten. Aber was wurde nicht alles getan, um in ein Haus einzudringen! Hier wollte man mit dem Klopfen sicher nur bezwecken, daß wir die verbarrikadierte Haustür öffneten, was natürlich nicht geschah.

Inzwischen war der Großvater Wieland, der ruhigste von uns allen, zu Bett gegangen, das in der Küche, im Vorsprung neben der Küchenaltane stand. Da donnerte es an die Scheiben dieser Altanentür, und zwar so stark, daß wir alle erschraken, denn auch die Küchenaltane war so hoch, daß man sie nur mit einer Leiter erreichen konnte. Wir glaubten jetzt, die Einbrecher wären schon auf der Altane. Herr Wieland fing sofort ganz laut auf polnisch zu schimpfen an, damit sie hören sollten, daß hier Polen wohnten. Vorsichtig lugten wir dabei durch die Gardinen auf die Altane. Aber sie war ganz leer. Wir standen vor einem Rätsel.

Indessen klopfte es weiter, und jetzt organisierten wir die Sache. Wir löschten alle Lichter aus, und leise ging Herr Brand an das einen halben Stock höher gelegene Flurfester, das zum Hof hinausging, öffnete es vorsichtig und sah hinaus. Niemand war da!

Ich stand bei der geöffneten Korridortür. Vor mir lag das weitgeöffnete Badezimmer, dessen hochgelegenes Fenster ich beobachtete. Frau Brand stand auf der Schwelle des Schlafzimmers und beobachtete das Fenster, das auf die Straße ging. Grete war im Bett geblieben, und Herr Wieland beobachtete die Altane. Alle Zimmer waren offen, alle Augen auf die Fenster gerichtet. Nicht lange, und es klopfte wieder an das Badezimmerfenster.

"Was ist?" rief ich zu Herrn Brand hinauf, "es klopft doch ans Badezimmerfenster, sehen Sie nichts?"

"Nein, es ist niemand hier", sagte Herr Brand, der hinausgelehnt dastand, "ich sehe niemanden."

Ich ging nun selber die halbe Treppe hinauf und spähte hinunter: Mondschein geisterte zwischen den Bäumen und Büschen, und alles stand hell in seinem Licht. Bäume und Büsche waren gute fünf Meter vom Haus entfernt. Dennoch mußten die Verbrecher sich dahinter verborgen halten, anders war es nicht möglich. Auf seine Augen konnte man sich eben nicht immer verlassen.

Wir gingen alle unruhig hin und her. Es klopfte bald da, bald dort. Wir standen im Korridor, und es klopfte neben uns an der Korridortür. Wir rissen die Tür auf, und niemand war da. Herr Brand ging jetzt auf den Flur und blieb vor unserer Tür stehen. Der Mondschein war so hell, daß er das ganze Haus vom Hof her erhellte. Wieder klopfte es stark an unsere Korridortür. Wir standen innen dicht davor, Herr Brand draußen ebenso, aber niemand war zu sehen. Wir schüttelten nur die Köpfe; es kam uns noch immer nicht in den Sinn, an übernatürliche Dinge zu denken. Wir dachten, daß die Verbrecher irgendeinen Trick gebrauchten, so fern lagen uns andere Erwägungen. Ich glaube auch kaum, daß sich der eine oder andere von uns insgeheim gesagt hätte, daß das hier nicht mit rechten Dingen zugehen konnte. Offen gesagt hat das jedenfalls niemand, aber es wird wohl auch kaum jemand daran gedacht haben. Wir waren alle viel zu sehr von den Schrecken der täglichen Verfolgungen erfüllt. In uns war kein Raum für andere Dinge.

Als das Klopfen immer weiterging und wir bald da, bald dorthin sprangen, auch schon alles zur Verteidigung hergerichtet hatten, fürchteten wir einen ganz ausgeklügelten Überfall und beschlossen, Hilfe herbeizuholen. Außerdem war uns die ganze Sache bald zu dumm; wir konnten nicht gut die ganze Nacht mit den Verbrechern Verstecken spielen. Irgend etwas mußte geschehen, wenn nicht von ihrer, dann von unserer Seite.

Herr Brand setzte die Luftalarmglocke, mit der er immerfort herumgerannt war, nieder, ging in den zweiten Stock hinauf und bat den dort wohnenden Milizsoldaten, der gebürtiger Posener und daher deutschfreundlich war, doch herunterzukommen und sich das Klopfen anzuhören. Er kam auch sofort. Da er es sich auch nicht erklären konnte und selbstverständlich auch einen Überfall annahm, ging er zur Wache und holte die Patrouille. Inzwischen versuchten wir weiter, die Verbrecher ausfindig zu machen, und da wir annahmen, daß sie sich nach dem Klopfen dicht an die Mauer drückten, standen wir im Schlafzimmer hinter dem Fenster, bereit, dieses sofort aufzureißen, wenn es wieder klopfte.

Da flog vom Nachttisch neben Gretes Bett ein silberner Leuchter auf die Erde. Der Leuchter war mittelgroß, eher kleiner, von moderner Form, fest gebaut und gehörte mit noch so einem Leuchter und einem Kreuz zu einer Gruppe. Es standen aber nur ein Leuchter und das Kreuz auf dem Nachttisch, der andere in dem unteren Schrank des Toilettentisches, der zwei Fächer mit verschiebbaren Glastüren hatte.

"Was hast du runtergeworfen?" fragte Frau Brand und drehte sich vom Fenster weg zu Grete. "Nimm dich doch in acht!"

"Nichts hab' ich runtergeworfen", sagte Grete, "ich liege doch ganz still."

"Ja, etwas ist hinuntergefallen", sagte ich, "aber vielleicht war es ein Schuh, den wir weggestoßen haben."

Das Zimmer war halbhell vom Mond und von der Straßenlaterne erleuchtet. Wir suchten auf dem Boden und fanden den Leuchter auf dem Bettvorleger. Ich hob ihn auf und sagte: "Das war es: Grete hat den Leuchter mit dem Zipfel ihres Kopfkissens hinuntergestoßen."

Frau Brand war gründlicher: Sie maß den Abstand zwischen dem Kopfkissen und dem Standort des Leuchters und stellte fest, daß es unmöglich war, und obwohl Grete beteuerte, es nicht getan zu haben, wollten wir ihr doch nicht gleich glauben, aber schließlich war das auch ganz belanglos. Mochte es gewesen sein, wie es wollte, der Leuchter war eben heruntergefallen. Wir hatten anderes zu tun, als uns den Kopf darüber zu zerbrechen, wie er auf den Fußboden gekommen war.

Wir traten also wieder ans Fenster, Frau Brand die Hand am Riegel, ich einen halben Schritt dahinter, die Hände am Bettpfosten, sodaß ich der im Bett liegenden Grete ins Gesicht sehen konnte, und Herr Brand dicht hinter mir. Während sich Frau Brand am Fenster in die Höhe reckte, flog auf einmal etwas zwischen unsere Füße, prallte ab und schlug noch einmal auf. Frau Brand fuhr herum: "Was war das?" fragte sie.

Ich bückte mich und hob den Leuchter wieder auf. Er war so stark geworfen worden, daß beim Aufprall von seinem Rand ein schmales Stück abgesprungen war. In der Diele war eine tiefe Kerbe, die wir heute noch sehen. Wir maßen die Entfernung und stellten fest, daß der Leuchter zweieinhalb Meter geflogen war.

Da standen wir alle still und sahen uns an. Was ging hier vor? Was geschah hier? Unsere Gedanken durchmaßen in diesem Augenblick einen unendlichen Raum, und doch wußten wir nicht, was wir denken sollten. Wir wußten überhaupt nichts mehr und waren still. In dieses Schweigen hinein sagte Frau Brand nach einer Weile ganz ruhig: "Jetzt haben wir es bestätigt, daß es etwas Übernatürliches ist; jetzt können wir schlafen gehen." Damit meinte sie, unser Aufpassen sei jetzt überflüssig, denn es seien keine Menschen, die bei uns eindringen wollten.

In diesem Augenblick kam die Milizpatrouille, hörte sich das Klopfen an, untersuchte Fenster und Türen und machte dann sehr schnell, daß sie wieder wegkam. Wir sagten nichts von der Erfahrung, die wir soeben gemacht hatten. Als die Patrouille fort war, nahm Frau Brand Weihwasser und besprengte alles. Dann beteten wir noch einmal für die Armen Seelen und gingen zu Bett. Es war zwölf Uhr vorbei, und alles blieb still.

## Mutter auf dem Sterbebett

Für mich war das ein schreckliches Erlebnis. Ich lag im Bett und konnte keine Ruhe finden. Ich war so aufgewühlt, daß ich dachte, meine Gedanken verwirrten sich. War es möglich, gab es das überhaupt, daß übernatürliche Dinge um uns vorgingen? Sollte das nicht doch noch auf natürliche Weise zu erklären sein? Schließlich war man doch ein Kind des zwanzigsten Jahrhunderts, wo Flieger am Himmel herumschwirrten, die Atomspaltung gefunden war und die Technik ihren Höhepunkt erreicht hatte. Und da sollte man an solch mittelalterliches Zeug glauben?

Vielleicht hatte Grete unter der Bettdecke hervor doch den Leuchter geworfen. Ja, beim erstenmal vielleicht, aber beim zweiten Wurf hatte ich sie in meinem Blickfeld gehabt. Ich hatte genau hingeschaut und ihre Arme auf der Bettdecke liegen sehen. Außerdem blieb immer noch das Klopfen. Wer also hatte geklopft? Warum hatte man uns geklopft? Was bedeuteten all diese Vorgänge, und was steckte dahinter?

Da waren meine Gedanken wieder bei meinen Lieben. Ich wußte, daß Mama schwer krank lag. Ein Telegramm war heute gekommen, das mich ans Sterbebett rief. Aber wie sollte ich hinfahren? Kein Geld, keinen Ausweis, keine Sprachkenntnisse. Niemals wäre ich hingekommen, sondern nur in einem Lager verschwunden, denn von hier bis Breslau war ein weiter Weg. Sollte mit Mama etwas passiert sein? War es möglich, daß sich Tote anmeldeten? Gehört hatte ich wohl davon, aber noch niemals daran geglaubt. Meine Welt war klar und realistisch. In einer streng protestantischen Familie aufgewachsen, hatte ich von solchen Dingen kaum etwas gehört. Was wirklich war, das sah man auch und wußte es einzuordnen. Jedes Geräusch hatte eine natürliche Ursache, der man nachgehen konnte. Nur hier konnte man auf einmal nichts erklären, gar nichts! Es blieb eine Dunkelheit um die Geschehnisse, die man nicht durchdringen konnte.

Als die ersten Geräusche von der Straße hereindrangen, schlief ich endlich ein.

## Die Todesnachricht

Der nächste Tag, der zweite Weihnachtsfeiertag, war hell und nüchtern. Wir besahen uns noch einmal den Leuchter, maßen alles aus und stellten die Narbe fest, die er beim Aufschlagen gemacht hatte. Ich ging mit einem sehr unruhigen Gefühl umher, wußte ich doch nicht, wie es um Mama stand. Und richtig, am Nachmittag kam das Telegramm: Mama war am 19. Dezember gestorben. – Also hatten sich doch Tote gemeldet! Die anderen alle atmeten auf. Es war eine Erklärung da; man wußte, woran man war.

Nur mir war das alles nicht recht. Meine bisherige Welt war erschüttert und drohte einzustürzen. Außerdem berührte es mich peinlich, daß meine Mutter die Urheberin solcher Unruhe gewesen sein sollte. Es paßte einfach nicht zu meiner ganzen bisherigen Auffassung der Dinge.

Meine Wirtsleute nahmen es ganz anders auf. Natürlich froh, zu dieser Erklärung gekommen zu sein, erzählten sie von mehreren Beispielen, wo sich Tote gemeldet hatten. Besonders Herr Wieland hatte manches derartige erlebt. Auch Grete fand nichts Absonderliches dabei. Sie waren eben als Katholiken aufgewachsen.

Nur ich grübelte und grübelte. Meine Mutter, im 87. Lebensjahr verhungert, nach einem Lebensabend voller Schrecken und Grausamkeiten, wo der Tod nur eine Erlösung war, gerade sie sollte jetzt hier herumklopfen, nur um mir ihren Tod anzuzeigen, auf den ich ja schon vorbereitet war? Überdies war der Tod schon vor sieben Tagen eingetreten, da hätte sie doch am 19. oder 20. Dezember kommen müssen. Aber sie kam am 25. Dezember; also wieder eine Lücke in der Beweisführung! Da fiel mir ein, daß sich schon in den letzten Tagen unerklärliche Dinge ereignet hatten, denen wir keinerlei Bedeutung beimaßen, zum Beispiel die Sache mit dem Kellerschloß.

Schließlich gab ich das Grübeln auf. Ich konnte doch nichts erklären. Dazu reichte mein Verstand nicht aus. Aber an solche Dinge glauben konnte ich auch nicht. Der Tag ging hin. Meine Gedanken waren bei meiner Schwester, von der ich wußte, daß sie dort ganz allein stand. Wie sollte ich hin, was konnte ich tun, von Feinden umgeben, die nur darauf lauerten, Deutsche einzufangen? Es durfte sich ja keiner entfernen.

Der Abend kam. Noch einmal brannte unser kleiner Baum. Nach gemeinsamem Gebet rüsteten wir zum Schlafengehen. In keinem von uns tauchte die Vermutung auf, daß sich die Vorgänge von gestern wiederholen könnten. Sie hatten für uns alle in dem Telegramm mit der Todesnachricht ihre Erklärung gefunden. Die Tote hatte sich angemeldet; damit war alles erledigt. Aber es war nicht so!

Wieder fing es an zu klopfen, erst an die Vorderfenster, dann an die Hinterfenster. Dann donnerte es so schrecklich an die Balkontür, daß der Großvater Wieland, der schon auf seinem Bett lag, sofort wieder anfing, auf polnisch zu schimpfen. Wir waren trotz allem wieder der Meinung, daß jemand bei uns eindringen wollte, dachten nicht mehr an die Erklärung durch Telegramm und Leuchter und standen wieder mit beiden Füßen in der greifbaren Wirklichkeit, der wir glaubten begegnen zu müssen. Wir rannten wie am Vortag bald hierhin, bald dorthin, spähten hinter den Gardinen verborgen auf die Straße, sahen nichts und wiederholten dasselbe Manöver am Hinterfenster.

Ich betrachtete alles sehr mißtrauisch und beobachtete auch die anderen, ob sie etwa dachten, es könnte meine Mutter sein, die hier so herumdonnerte. Aber alle waren damit beschäftigt, den Verursacher dieses Klopfens ausfindig zu machen, sodaß ich mich beruhigte.

Inzwischen war es spät geworden. Wir sahen die Nutzlosigkeit unserer Bemühungen ein und gingen schlafen.

## Alles um Grete

Grete machte den Anfang. Kaum war sie im Schlafzimmer, flog der Leuchter auf den Boden und sprang weg. Wir stürzten sofort in das Zimmer; die Türen standen sowieso immer offen, da man sich bei Überfällen in der Nacht schnell verständigen mußte. Da fanden wir den Leuchter, der auf dem Nachttischchen gestanden war, auf dem Boden liegen. Wir nahmen ihn ziemlich bestürzt auf und stellten ihn wieder an seinen Platz. Also doch wieder übernatürliche Vorgänge!

Nun standen wir etwas betreten da und sahen uns an. Was in uns damals vorgegangen ist, kann ich heute nicht mehr sagen. Jedenfalls war es uns sehr unheimlich zumute, als wir nun wußten, daß wir nicht mehr allein in der Wohnung waren und daß uns Wesen umgaben, die wir nicht sehen konnten, die sich uns aber verständlich machen wollten. Wir gingen wieder in die Küche, nur Grete blieb im Schlafzimmer und zog sich weiter aus. Kaum hatten wir den Korridor betreten, polterte schon der zweite Leuchter hinter uns her. Wir sahen uns an. Was war das? Nein, Grete durfte nicht allein im Zimmer bleiben, auch wenn die Türen noch so weit offen standen. Herr Brand zog sich daraufhin aus und ging ins Bett. Kaum hatte er das Licht gelöscht, sodaß der Raum nur von der Korridorlampe halbhell beleuchtet wurde, flogen wieder die nun verbeulten Leuchter umher. Nach jedem Wurf stürzten Frau Brand und ich aufgeregt ins Zimmer, blieben dann auch darin und schalteten das Licht wieder ein. Nun flogen ohne Pause Hüte, die auf einem Korb lagen, Schuhe, die unterm Bett standen, Decken, Kissen und Wäschestücke vor unseren sehenden Augen durchs Zimmer, ohne daß einer von uns auch nur die Hand gerührt hätte. Ein Rolltuch blieb auf der Schale des Kronleuchters hängen, der hin- und herschaukelte. Wer machte das alles?

Mißtrauische Blicke flogen zu Grete, die ganz verstört im Bett lag. Aber sie konnte es nicht gewesen sein, außer sie hätte ihren Leib verlassen. Und während sich Grete verteidigte, flogen die Gegenstände weiterhin vor uns im Zimmer umher.

Nun wurden wir gereizt. Ich lehnte zunächst ganz entschieden ab, daß das meine Mutter sein könnte. Nein, das kam nach diesen Vorgängen nicht mehr infrage. Zu meiner Beruhigung waren die anderen auch meiner Meinung. Das konnten doch hier überhaupt keine Armen Seelen sein. Wer weiß, was das hier war. Wir wollten gerne für die Armen Seelen beten, aber das war schließlich kein Betragen mehr. Wenn sie sich so benahmen, konnten sie von uns keine Gebete mehr erwarten. Dazu war unsere Angst zu groß. Auch meinten wir, das könnten keine guten Seelen sein und darum wären unsere Gebete hier nicht am Platze.

Wir vergaßen Polen und Russen, wir vergaßen die Spione ringsum in der Nachbarschaft und betäubten uns durch lautes Reden. Denn immer noch waren alle Gegenstände um uns lebendig und flogen umher.

Wenn ich an alles zurückdenke, ist es mir, als ob wir damals noch nicht ganz erfaßt hätten, daß Geister um uns waren, so fern lag uns diese Annahme. Wir ahnten vielleicht, daß unsichtbare Wesen uns ein Schauspiel gaben, aber da wir sie selber nicht sahen und nur ihre ausgeführten Handlungen wahrnahmen, dünkten wir uns immer noch Herren der Wohnung. Unsere Angst vermischte sich daher mit Zorn. Nun, wir hatten unsere Wohnung gegen Polen und Russen verteidigt, wir würden auch mit diesen unsichtbaren Mitbewohnern fertigwerden. Und Herr Brand ergriff voll Zorn den Schuh, der eben wieder neben seinem Bett niederfiel, und schleuderte ihn zurück.

Aber was half es! Je mehr wir zurückwarfen, desto mehr kam auf uns zurück, und zwar immer genau auf den, der geworfen hatte, ein Zeichen dafür, daß diese Wesen mit Vernunft und Überlegung handelten. Mittlerweile war es halb ein Uhr nachts geworden. Nun siegte unsere Vernunft, denn wir konnten uns doch nicht die ganze Nacht mit guten oder bösen Geistern herumschlagen. Wir besprengten noch einmal alles mit Weihwasser, ließen alle Lampen brennen – der Spuk ging bei hellstem Licht vor sich – und gingen zu Bett. Vorher nahmen wir uns noch vor, gleich am nächsten Morgen zu unserem Pfarrer zu gehen, damit er komme, um die Wohnung zu segnen, denn sie war uns unheimlich geworden.

Als wir im Bett lagen, hörte das Werfen endlich auf. Ich lag da und dachte nach: Was geschah hier eigentlich? War ich allein im Zimmer oder war ich nicht allein? Nach all dem war ich wohl nicht allein. Wer war aber hier um mich? Dachte ich nach dieser Aufregung noch normal oder war mein Gehirn getrübt? Dann hätte das Gehirn der anderen vier Mitbewohner auch getrübt sein müssen. Das war aber nicht der Fall. Mein Kopf war kalt, und ich dachte nüchtern.

Ich ließ meine Blicke durch die Stube schweifen und schaltete dadurch wieder auf die bisher angenommene Wirklichkeit zurück, immer noch mit dem Gedanken, daß dieser eventuelle Jemand dann auch zu sehen sei. Stand dort jemand und sah mich an? – Kein angenehmes Gefühl, wenn man von jemand beobachtet wird, den man nicht sehen kann! Ich durchbohrte mit meinen Blicken alle Ecken und kroch ganz in mich zusammen. Schließlich konnte auch jemand hinter mir stehen. Innerlich war ich in diesen Momenten nicht gut auf Geister zu sprechen und verwünschte ihre Vielseitigkeit.

Nun muß man sich das ganze Milieu vorstellen, das nicht eine Spur romantisch war: eine kleine Zweizimmerwohnung mit Küche und Bad, dazwischen einen Korridor, alles von einer Wohnungsbaugesellschaft, die solche Wohnungen gleich zu Hunderten baut, die Einrichtung gut und solide, aber doch ganz nüchtern und modern, ohne jeden Kram aus vergangenen Zeiten, alles durchaus aufs Praktische ausgerichtet, wahrhaftig keine Umgebung, um Geister anzulocken. Aber schon sah ich hier den Fehler meiner Betrachtungen ein. Die märchenhaften Überlieferungen, die ich in mich aufgenommen hatte, trübten wohl mein scharfes Denken. Mußte Unheimliches an alte Burgen und Schlösser, verrufene Häuser oder Verbrechen gebunden sein? Waren denn Geister darauf angewiesen? Aber irgend etwas mußte sie doch bei uns anziehen, und seltsam war es, daß immer da, wo Grete ging und stand, das Klopfen und Werfen um sie war. Wir anderen vier waren wohl nur Zuschauer, im besten Fall Statisten.

## Wer war Grete?

Grete war ein Mädchen von zweiundzwanzig Jahren mit der üblichen bürgerlichen Erziehung, kein bißchen romantisch veranlagt, aber kindlich fromm und vollkommen rein. Der geistigen Entwicklung nach ging sie mit ihren Altersgenossen, hatte genügend praktischen Sinn, um das Leben zu meistern, war etwas phlegmatisch in ihren Bewegungen und liebte sehr ein ruhiges, nettes Leben. Der Umkreis ihrer Gedanken war klein und umschloß ihr alltägliches Leben und was in dasselbe hineinragte, ihre Verwandtschaft, ihre Bekanntschaft, die kleinen Geschehnisse des Alltags und natürlich die gegenwärtigen politischen Ereignisse. Ein höherer Gedankenflug lag ihr fern, aber sie war ein sehr lieber, immer hilfsbereiter Mensch, entgegenkommend und liebenswürdig, lachte gern, schmollte und weinte auch mal und war, wie schon gesagt, von einer kindlichen, reinen Frömmigkeit. Und gerade um diese Grete war der Spuk!

Aber konnte man das auch mit Bestimmtheit sagen? Es schien wohl so, und wir mußten es annehmen, denn überall, wo sie war, begann es zu klopfen und zu werfen, und irgend etwas wollte sich bemerkbar machen. Solche und ähnliche Gedanken gingen mir in dieser Nacht durch den Kopf. Wenn mir vor Müdigkeit die Augen zufielen, riß ich sie vor lauter Furcht schnell wieder auf, um meine Umgebung scharf zu mustern, verfolgt von dem Gedanken, daß sich, wenn ich einschlief, jemand mir nähern könnte. Aber endlich überwältigte mich doch die Müdigkeit.

## Der Pfarrer besucht uns

Der 27. Dezember 1945 kam. Weihnachten war vorbei, und wir alle waren froh darüber, hatten sich doch alle Deutschen vor dem Fest gefürchtet, das so viele Erinnerungen hervorruft und das nun die meisten Menschen allein feiern mußten, ungewiß, ob sie ihre Angehörigen unter den Lebenden oder unter den Toten suchen sollten. Und was stand uns allen noch bevor?

Wir in unserer kleinen Wohnung waren trotz des Alltags, der wieder an uns herantrat, noch sehr eingesponnen in unsere Erlebnisse. Ich ging zu unserem Pfarrer, der hiergeblieben war, und bat ihn, zu kommen und unsere Wohnung auszusegnen, denn wir wollten nichts mehr mit dem Teufelsspuk zu tun haben. Selbstverständlich umspielte ein ungläubiges Lächeln seine Lippen, aber er war doch höflich genug, sein Kommen zuzusagen.

An diesem Tag begann das Klopfen schon um fünf Uhr nachmittags. Wir saßen alle in der Küche und fuhren wieder erschreckt auf, wenn es an die Fenster oder die Tür neben uns stark klopfte, rissen Türen und Fenster auf in der Hoffnung, jemanden zu sehen, und wünschten zugleich im stillen, daß es auch klopfen möchte, wenn der Pfarrer da wäre.

Nach sieben Uhr kam er. Zuerst mußten wir ihm alles noch einmal ganz genau berichten, zeigten ihm alle Gegenstände, die geworfen wurden, nannten Zeit und Stunde und erklärten alles. Er untersuchte alles, immer noch vollkommen ungläubig, maß die Entfernung von der Straße bis zum Fenster und stellte fest, daß nur jemand an die Scheiben klopfen konnte, der auf den Schultern eines anderen stand. Da hätten wir ihn sehen müssen, denn von dort konnte er nicht so schnell herunterspringen.

Und dann klopfte es wieder an das Fenster des Schlafzimmers. Wir standen alle herum und konnten es nicht gewesen sein. Es klopfte an das Innenfenster, keine zwei Schritte von uns entfernt. Es war so laut und dringend, so Einlaß begehrend, so furchtbar in seiner unerklärlichen Herkunft, daß man immer wieder von neuem zusammenschrak. Auch unserem Pfarrer erging es so. Er trat zum Fenster, untersuchte alles und wiederholte dieses Klopfen selber. Der Ton, den der Pfarrer mit seinem Fingerknöchel hervorrief, war derselbe wie die anderen. So waren es also doch unirdische Wesen, die geklopft hatten, und wie der Pfarrer uns sagte, waren es Arme Seelen, die sich melden wollten, und da es immer um Grete war, so war sie es, durch die sie sich melden durften.

Nun besprengte der Pfarrer alle Räume mit Weihwasser, denn jetzt stand es auch für ihn fest, daß überirdische Wesen mit uns in Verbindung treten wollten. Er flehte mit uns den Segen auf das Haus herab. Wir anderen mußten das Zimmer verlassen, und der Pfarrer blieb mit Grete allein zurück. Er segnete sie und gab ihr Verhaltensmaßregeln, wie sie die Armen Seelen um ihr Begehr fragen müsse. Er sagte ihr, sie solle keine Angst haben, denn es dürften sich ihr nur gute Geister nahen; die bösen würde Gott nicht an sie heranlassen. Aber er sagte ihr auch, hoffentlich würden die Abgeschiedenen nicht zuviel von ihr verlangen, denn es komme manchmal vor, daß ihre Forderungen außergewöhnlich seien.

An diesem Tage klopfte es nicht mehr. Wir waren froh, daß es während der Anwesenheit des Pfarrers mehrmals geklopft hatte, blieben zusammen und erörterten noch einmal alles. Nun, wo wir wußten, was es war, konnten wir uns nach dieser Richtung hin orientieren. Der alte Wieland erzählte viele Geschichten von Armen Seelen, die angeklopft und um Gebete und Messen gebeten hatten. Ich grub in meinem Gedächtnis nach, konnte aber aus unserer Familie von keinem derartigen Ereignis berichten, obwohl wir eine sehr alte Familie mit Stammbaum und Familienchronik sind, uralte Dokumente besitzen und schon zu Luthers Zeiten evangelische Geistliche in der Familie hatten. Möglich auch, daß unsere protestantischen Ahnen solche Erlebnisse nicht der Beachtung wert hielten und darum nicht aufzeichneten. Ihre Gedankenwelt war wohl mit der Loslösung vom Katholizismus nüchterner und weniger mystisch geworden. Der Arme-Seelen-Kult schlief in der evangelischen Kirche mit der Zeit ein, und außer beim Totenfest wurde der Armen Seelen kaum gedacht.

Für mich war somit alles Neuland. Nur langsam fand ich mich zurecht und gewann Schritt für Schritt Boden. Die letzten Ereignisse hatten mich stark erschüttert und zu schärferem Nachdenken angeregt. Es wurde mir jedenfalls klar, daß sich hier größere Dinge vorbereiteten.

Am 28. und 29. 12., das waren Freitag und Sonnabend, klopfte es nur einmal gegen Abend stark an die Korridortür. Wir standen erschreckt da. Wieder war es Grete, die zuletzt im Wohnungsflur gewesen war. Aber wir ließen sie nicht fragen, so wie es ihr der Pfarrer gesagt hatte. Es war uns alles zu unheimlich, und wir waren nicht neugierig, etwas zu erleben und zu erfahren, nein, gar nicht mehr. Es fielen mir dabei meine früheren Aussprüche ein, nach denen ich immer verlangte, etwas Übernatürliches zu erleben, weil ich eben annahm, daß es nichts dergleichen gebe. Nun aber, da es um mich her geschah, war ich gar nicht mehr mutig. Es kamen auch die furchtbaren Zeitumstände hinzu, die an unseren Nerven rissen. Wurden wir denn nicht gehetzt und getrieben und waren wir auch nur eine Stunde außer Gefahr? Verschwanden nicht täglich Menschen, mit denen man am Tage zuvor noch gesprochen hatte? Lagen nicht an jedem Morgen Erschlagene auf den Straßen? Waren die Nächte nicht erfüllt von Schüssen und Geschrei? Konnten wir nicht schon morgen zu denen gehören, die in den Milizkellern umkommen sollten?

Nein, wir hatten genug Aufregungen. Wenn wir abends nach Hause kamen, wollten wir Ruhe haben, nur Ruhe, weiter nichts. Wir wollten für die Armen Seelen beten und alles tun, aber mit den Geistern in Verbindung treten wollten wir nicht. Deshalb durfte Grete nicht fragen.

## Grete fragt doch

Dann kam Sonntag, der 30. Dezember 1945. Abends begann es wieder zu klopfen, bald an den Fenstern, bald an den Türen. Wir schreckten auf, wir sahen uns an, aber wir fragten nicht. Um halb zehn Uhr ging Grete schlafen. Bald darauf ging auch Herr Brand ins Schlafzimmer, damit Grete nicht allein war.

Auf einmal begann das Werfen wieder. Frau Brand und ich stürzten aus der Küche ins Schlafzimmer und sahen die Gegenstände liegen. Zuerst flogen die beiden Leuchter, dann alle Sachen, die in einem Waschkorb lagen, der im Schlafzimmer stand, darunter Wäschepakete, ein Hut und verschiedene andere Dinge. Da wir voraussahen, was das für eine Nacht würde, sagten wir zu Grete: "Nun frage!" Und Grete fragte.

Herr Brand und Grete lagen in den Betten. Ich war mit Frau Brand in die Küche zurückgegangen. Ein unerklärliches Gefühl von Furcht, Ehrfurcht und Scheu hatte uns hinausgehen lassen, aber wir hörten durch die offene Tür, wie Grete mit leiser Stimme sagte: "Ihr lieben Armen Seelen, was wollt ihr? Was können wir für euch tun?"

Frau Brand und ich standen in der Küche; unsere Herzen schlugen so laut, daß wir sie zu hören meinten. Mich warf die Angst auf die Knie nieder. Wer würde sich melden? Wer kam von den Toten wieder und begehrte uns zu sprechen? Hatte ich nicht Mann, Söhne, Schwester, Bruder und alle anderen Verwandten, von denen ich seit Jahresfrist nichts mehr gehört hatte? Würde sich einer von ihnen hier als Toter melden? Und in meinem Herzen schrie ich zu Gott, daß er mich nicht noch mehr prüfen möchte, daß er sich erbarmen und gnädig sein möge.

Dann schwieg im Zimmer drinnen die Stimme von Grete. Eine Weile blieb es ganz still. Es war eine Stille, in der man den Flügelschlag der Unendlichkeit zu hören meinte und die uns ganz ruhig werden ließ. Auf einmal ertönte Gretes Stimme ganz laut: "Kommt mal, kommt mal, weißt du, wer sich gemeldet hat, Maria? Der Paul, unser Bruder Paul, der am 27. Juni 1944 in Rußland gefallen ist. Und weißt du, was er gesagt hat? 'Hier ist dein lieber Bruder Paul, nur eine Heilige Messe, nur eine'."

Ein eiserner Ring sprang von unseren Herzen; die Armen Seelen hatten sich mit uns verständigt. Das Grauen, das uns noch vor einigen Minuten erfüllt hatte, wich einer Ruhe, fast einer Freudigkeit. Eine heilige Stille erfüllte uns. In diesem Augenblick schritt unser

Geist über die Schwelle der irdischen Welt in die überirdische. Das trennende Tor war aufgesprungen, der letzte Zeifel war weg. Wir wußten, daß die Toten leben!

Der alte Herr Wieland, der schon in der Küche auf seinem Bett lag, fing leise an zu weinen: "Der Paul ist da, unser lieber Paul ist da, mein Sohn, mein guter", und wir weinten mit ihm.

Da warf es wieder. Ein Leuchter fiel und blieb zu unseren Füßen liegen. Meine Angst begann von neuem. Weg war die Ruhe, die mich eben noch erfüllt hatte. Ich war nur noch ein zitternder, bangender Mensch, der um seine Lieben fürchtete. Wieder lief ich in die Küche und schrie im Herzen zu Gott um Erbarmen. Wußte ich doch, daß mein Herz eine schreckliche Nachricht nicht ertragen würde. Jetzt war die Angst beinahe noch größer, denn es war erwiesen, daß sich Tote meldeten. Wer war es? Wer war es? Jetzt hörte man Grete fragen. Als sie schwieg, kam wieder die tiefe Stille, in der die Toten sprachen. Gleich darauf hörten wir Grete mit Herrn Brand reden. Wir gingen hinein und Grete fragte mich: "Hier hat sich eine Anna E. gemeldet, kennen Sie die?"

"Das ist meine Mutter", stieß ich hervor, "meine Mutter hat sich gemeldet."

Ich muß hier einfügen, daß weder Grete noch Herr Brand meinen Geburtsnamen kannte, höchstens Frau Brand hätte ihn aus dem Brief meiner Schwester wissen können. Aber das war auch nicht der Fall. So war also meine am 19. Dezember 1945 verstorbene Mutter hier im Zimmer. Aus dem Totenreich kam sie hierher. Die Erschütterung war so groß, daß ich am Bett niederkniete.

"Was hat sie denn gesagt?" fragte ich Grete, "was wollte sie? Wiederhole doch jedes Wort ganz genau."

Und Grete antwortete: "Sie hat gesagt: 'Hier ist Anna E. Ihr müßt viel für mich beten'. "

Meine arme, arme Mutter! Ein schweres Leben lag hinter ihr; durch die Unmenschlichkeit der Feinde war sie verhungert. Nun kam sie und bat ums Gebet. Wir falteten die Hände und beteten alle zusammen ein Vaterunser für sie. Es war ein eigenes Gefühl zu wissen, daß ihr Geist um uns war, daß dieser kleine silberne Leuchter, den ich aufhob, eine Minute vorher von ihrer Hand berührt worden war, obwohl ihr Leib, fast dreihundert Kilometer von uns entfernt, im Grabe ruhte.

An diesem Abend, der nun schon in die Nacht überging, meldeten sich dreizehn Arme Seelen bei uns. Es geschah alles ganz ruhig in der Stille der Wohnung. Jede Seele, die gefragt werden wollte, machte sich durch das Werfen eines Gegenstandes bemerkbar. Nie störte eine die vorangegangene. Erst nach ein paar Minuten Abstand meldete sich die andere. Niemals störten sie ein Gebet. Es waren an diesem Tag außer meiner Mutter nur Verwandte und Bekannte der Familie Brand, die sich als Tote meldeten. Sie baten um Gebete oder um eine Heilige Messe, sie baten, man möge ihren Verwandten ausrichten, daß sie mehr für sie beten sollten. Es meldeten sich zwei in polnischen Lagern umgekommene Verwandte, wobei ich bemerken möchte, daß wir nach den Gesamterlebnissen die Erfahrung gemacht haben, daß diejenigen, die unter so schrecklichen Umständen in den Lagern verstorben waren, bald in den Himmel aufgenommen wurden.

Es meldete sich ein Heinrich M. und sagte: "Ich bin bald erlöst, bloß meine armen Kinder." Er hatte vier kleine Kinder hinterlassen. Es meldete sich ein Studienrat, der in demselben Haus gewohnt hatte und vor sechs Jahren an Krebs gestorben war. Er hatte nicht viel von Religion gehalten und sich auch vor seiner Klasse über religiöse Dinge lustig gemacht, aber er war doch mit Gott versöhnt gestorben. Nun war er als Abgeschiedener hier im Zimmer, meldete sich mit seinem vollen Namen und sagte: "Ich hab' noch viel zu leiden; betet für mich."

Und dann flog leise, fast unhörbar das kleine Kreuzchen, das zwischen den Betten hing, auf die Zudecke von Herrn Brand, ohne daß der Nagel ausgerissen wäre. Es meldete sich "Heinzel. Ich bin im Himmel und komme meinen Opa besuchen." Es war der kleine Enkel, der im Alter von zwei Jahren vor sechs Jahren gestorben war und an dem Herr Brand sehr hing, da der Kleine ein in allem zurückgebliebenes Kind war, um das sich der Großvater am meisten kümmerte.

Es kamen dann noch drei ganz nahe Verwandte der Familie Brand, die schon erlöst waren und vom Himmel aus ihre Erlösung meldeten und ihre Hilfe versprachen. Ich möchte auch erwähnen, daß immer, wenn sich Erlöste meldeten, das ganz leise und still vor sich ging, sodaß wir dabei niemals erschraken, es aber auch niemals überhören konnten.

Ich schreibe alles ganz genau so hin, wie es vor sich ging, ohne jede Ausschmückung der Tatsachen. Die angeführten Worte der Armen Seelen habe ich mit Grete mehrmals überprüft und ganz genau wiedergegeben. Auch an der Wortstellung ist nicht das geringste geändert worden. Ich habe die Uhrzeit auf die Minute aufgeschrieben wie ein Maschinentelegraf, sodaß sich also zwischen den Meldungen der Armen Seelen und der Wiedergabe kein menschlicher Gedanke drängen konnte, der durch eine andere Auffassung vielleicht einen anderen Sinn ergeben hätte. Mag nun jeder, der diese Aufzeichnungen liest, darüber denken, was er will. Ich schreibe dieses mein größtes Erlebnis für meine Söhne und Freunde nieder und werde es vielleicht auch veröffentlichen, da ich versprochen habe, daß ich, wenn ich gut aus diesem Lande komme, der Armen Seelen gedenken will.

Die Zahl der Toten ist heute gar nicht mehr vorstellbar. Wie viele davon sind ganz vergessen! Vielleicht faltet doch einer oder der andere, der das liest, die Hände und spricht ein stilles Gebet für sie. Gott wird es sicher weiterleiten. Und vielleicht denkt einer oder der andere einmal daran, daß auch er bald im Totenreich sein kann und wer ihm dann Hilfe bringen wird. Vielleicht korrigiert auch mancher seinen Glauben und sieht ein, daß es doch ein Fegfeuer gibt und daß dieser mittelalterliche Ausdruck nur den Ort der Reinigung bezeichnet, in dem man den Erdenstaub abschütteln muß, um im hochzeitlichen Gewande vor Gott zu treten. Denn bei der geringsten Selbstbetrachtung muß man einsehen, daß man doch ein sehr fleckenhaftes Gewand anhat, in dem man sich sicher nicht gerne zeigen will. Und vielleicht denkt auch der, der sein Leben selber beenden will, daran, daß sein Leben selbst dann nicht beendet ist, wenn er sich den Tod gibt. Er hat eine unsterbliche Seele, die Gott von ihm fordert, ganz gleich, welchen Glauben er sich zurechtgemacht hat.

Viel hatte mir Gott in dieser Zeit genommen: mein Mann verschleppt, meine Söhne in Gefangenschaft, und ich hatte Heim und Eigentum verloren. Unter fremder Herrschaft stand meine Heimat. Das gegenwärtige Leben war schrecklich. Aber heute hat mich Gott aus all diesem herausgerissen. Er hat mir die überirdische Welt gezeigt, eine Welt, die auch auf mich wartete und die in gar keinem Verhältnis zur diesseitigen Welt stand. Unser Leben ist nur ein Übergang, ein Hinfließen zur anderen Welt, ein ständiges Vorwärtsschreiten zum Jenseits, dem wir mit jeder Minute, die verrinnt, näherkommen. Keine Stunde, die die Uhr schlägt, kehrt uns wieder, nicht eine einzige. Mit jeder Minute, die verrinnt, schreiten wir unserem Tod näher. Und was ist der Tod? Nur ein Tor, durch das wir ins andere Leben eintreten. Und daß es ein Leben ist, hat die Wiederkehr der Toten bewiesen. Sie, die wir in den Gräbern wähnten oder in einer anderen, unerreichbaren Welt, sind gekommen, haben zu uns gesprochen und haben uns Sterbliche um Hilfe angerufen. So stehen wir also alle in einem Kreis, und Gott umschließt uns alle.

Über dies alles dachte ich nach und erkannte immer mehr die Güte und Liebe Gottes. Ich versank in ihr wie in einer weichen, warmen Welle, die mich hoch emporhob in seine Gegenwart. Gott umschloß uns alle, Lebende und Tote. Es gab keine Trennung mehr, keine Trennung für immer; wir waren alle in ihm.

# Ich danke für die Heilige Messe

Montag, der 31. Dezember 1945. Den ganzen Tag klang noch das gestrige Erlebnis in uns nach. Es hatte uns so tief aufgerüttelt, daß wir nicht davon loskamen und noch viel darüber sprachen. Dann dämmerte es, und das Jahr 1945 neigte sich seinem Ende zu. Auf der Schwelle stand das Jahr 1946. Was würde es uns bringen?

Ich hatte bei Pater J., der mir Konvertitenunterricht gegeben hatte, eine Hl. Messe für meine Mutter bestellt, die auf meine Bitten hin schon am 1. Januar gelesen werden sollte. Am Silvesterabend zündeten wir noch einmal die Weihnachtslichter an, sangen leise unsere Weihnachtslieder, beteten und gingen dann zu Bett. Es blieb alles still, ebenso die ganze Woche hindurch. Die Erlebnisse fingen schon an, ein ganz klein wenig in den Hintergrund zu treten. Leider muß ich sagen, daß wir eigentlich froh darüber waren. Der Alltag hatte uns wieder erfaßt. Es gab genug, was unsere Nerven in Aufruhr brachte.

So kam Sonntag, der 6. Januar, der Tag der Heiligen drei Könige. Abends, als außer mir und Frau Brand schon alle in ihren Betten lagen, klopfte es an die Scheiben und warf mit Gegenständen. Zuerst wollten wir nicht fragen lassen, aber dann, als es keine Ruhe gab, fragte Grete.

Es meldete sich zuerst meine Mutter und sagte: "Ich danke meiner lieben Friedel für die Heilige Messe." Also kam meine Mutter, um sich für die Hl. Messe zu bedanken, die für sie am 1. Januar gelesen worden war, wie ich glaubte. Als ich es aber Pater J. erzählte, wurde er stutzig und sagte: "Nun muß ich Ihnen etwas gestehen: Ich habe die Hl. Messe für Ihre Mutter erst am sechsten lesen können, da am 1. Januar die Intention schon feststand." So hatte sich meine Mutter noch am selben Tag für die für sie aufgeopferte Hl. Messe bedankt. Da sie ihr ganzes Leben sehr streng evangelisch war, ist das besonders zu beachten.

An diesem Abend meldeten sich noch dreizehn Seelen, elf aus der Verwandtschaft und Bekanntschaft der Familie Brand. Außer meiner Mutter meldete sich noch mein im Jahr 1928 verstorbener Vater und sagte: "Ich danke meinem guten Kinde, meiner Friedel, daß sie immer so viel für mich gebetet hat. Dein Vater." Mir stiegen die Tränen in die Augen, als Grete mir die Worte wiederholte. Eine Nachricht von meinem Vater! Wie sehr erschütterte mich das. Aber dann fiel mir die Anrede auf: Ich heiße Elfriede und wurde nur in meiner allerfrühesten Kindheit Friedel gerufen. Nun kamen die Toten und riefen mich wieder mit meinem Kindheitsnamen. Auch war es mir gar nicht bewußt, daß ich so viel gebetet hätte. Und doch kam die Bestätigung, daß keines meiner Gebete verlorengegangen war, sondern Gott alle gesammelt und für die Erlösung meines Vaters verwendet hatte.

Es ist etwas ganz Wunderbares, wenn man in seinem sündigen Dasein auf einmal durch die Bestätigung Gottes im Besitz von guten Werken ist und wenn man erfährt, daß kein Gebet verlorengeht, sondern jedes Wort das Ohr Gottes erreicht. Mein Vater war damals achtzehn Jahre tot. Als Christin hoffte ich auf ein

Wiedersehen bei Gott. Durch diese Botschaft war aber schon jetzt eine Verbindung mit den Toten hergestellt, und ich wußte, daß sie lebten und an uns dachten. Wir waren also nie verlassen, auch wenn sie uns nicht erscheinen durften. Alles das erschloß uns eine neue Welt. Es strömte soviel Licht auf uns nieder, daß wir Gott nicht genug dafür danken können. Wie wohlgeordnet war alles! Wie groß war seine Liebe und Sorge um uns!

## Vorbereitendes Erlebnis

Ich habe mir alles noch einmal durchgelesen und merke, daß es vielleicht übersichtlicher wäre, wenn ich die einzelnen Armen Seelen, die zu uns kamen, zusammenfassend behandeln würde, um ein klareres Bild zu zeichnen. So gehe ich in Gedanken noch einmal alle Wege zurück, und da steigt eine kleine Begebenheit in mir auf, die ich längst wieder vergessen hatte oder die durch die Ereignisse der folgenden Jahre zurückgedrängt war.

Es war im Jahre 1943, da machte mir Pater H., ein Bekannter von uns, den Vorschlag, ihn auf einem Besuch zu begleiten, den er bei einem älteren Mädchen machte. Dieses lebte in unserer Stadt und betete sehr viel für die Armen Seelen, die alle Abende von acht bis früh um fünf Uhr bei ihr ein und aus gingen und sie um Gebete baten. Das war für mich Neuland. Wenn auch mein Mann und meine beiden Jungen katholisch waren, so hatten wir doch niemals über solche Geschehnisse gesprochen, und ich hatte eigentlich auch nie zuvor davon gehört. So stieg ich eines Tages mit Pater H. die vielen Treppen hinauf, die zu der kleinen Wohnung des Mädchens im Dachgeschoß führten. Es war sehr finster oben, sodaß wir erst nach ihr rufen mußten, da wir die Tür nicht fanden. Als sie die Tür aufmachte, fiel ein Sonnenstrahl heraus, sodaß gleich alles licht war.

Ihr Zimmer war hell und groß und hatte zwei Fenster gegen die Straße zu. Beide standen voller Geranien. Sauber und weiß stand in der Ecke das Bett, die Decke so glattgestrichen, daß sich auch kein Fältchen heraustraute. Wir saßen um den Tisch. Ich sah in ein stilles, liebes Gesicht, das nichts Besonderes an sich hatte. Um meinen Besuch zu motivieren, hatte ich Wäsche zum Ausbessern mitgebracht, denn vom Verdienst aus derlei Arbeiten ernährte sie sich. Da der Geistliche dabei war, ging sie langsam aus sich heraus. Schon viele Jahre kamen die Toten zu ihr und baten sie um Gebete. Es geschah oft, daß sie ihr ihren Tod anzeigten und daß dieses alte Mädchen in das betreffende Haus ging und im Auftrag der Toten ihr Abscheiden verkündete. Die Anzeige davon traf oft viel später ein.

Ich fragte sie natürlich zuerst, ob sie nicht ängstlich sei, wenn sie in der Nacht mit den Toten allein sei. Darauf lächelte sie nur leise und schüttelte den Kopf. "Nein", sagte sie, "ich fürchte mich nicht vor ihnen; sie tun mir nichts."

Am liebsten hätte ich sie gefragt, ob sie durch die Tür oder das Fenster kämen, doch ich traute mich nicht, diese Frage zu stellen, weil ich fürchtete, daß sie diese für sehr dumm halten würde. Ich konnte mir eben damals gar nicht vorstellen, wie ein solches Kommen der Toten vor sich gehen sollte. Ich war noch ganz und gar in den Vorstellungen meiner damaligen Welt befangen. Da sie nun erzählte, daß die Toten schon viele Jahre zu ihr kommen durften, so wunderte ich mich sehr, wie es mit dem Schlafen bestellt wäre. Denn wenn sie alle Nächte von acht bis früh um fünf für die Toten betete, wann schlief sie dann eigentlich? Auch darauf bekam ich wieder ein Lächeln. "Von fünf ab", sagte sie, "aber nicht mehr lange; um sechs beginnt doch die Hl. Messe." "Und sind Sie denn gar nicht müde?" fragte ich. Wieder ein Lächeln und ein staunendes "Nein", dazu ein leises Kopfschütteln.

Als wir die Treppe hinuntergingen, war ich sehr zufrieden, daß ich nicht dazu ausersehen war, solche Dinge zu erleben. Mir war das alles sehr unheimlich und beinahe schon das ganze Haus, in das die Toten kommen sollten, und ich war froh, als ich auf der Straße und in der Sonne stand und alles um mich her war wie immer. Das Getöse der Menschen um mich herum, das ich sonst nicht gerne mochte, umfing mich wie ein warmes Bad, und ich bewegte mich aufatmend unter ihnen. – Das war knapp anderthalb Jahre vor meinen eigenen Erlebnissen.

Wenn man zurückblickt, sieht man die Wege. Es ist so wie mit einem hohen Berg, den man durch Wald und Gestrüpp ersteigen muß. Da geht man auch im Ungewissen alle die Windungen, die der Weg macht, und erst wenn man oben ist, sieht man den ganzen Weg, der in das Dickicht eingeschnitten ist. So war also mein damaliger Besuch dort schon für meine weiteren Erlebnisse vorgesehen, denn einen Zufall gibt es nicht im Leben. Ich führe diesen Besuch hier an, damit man daraus ersehen kann, wie fern ich solchen Dingen stand. Aber nun wieder zurück zu meinem Bericht.

An unserem Tisch in der netten kleinen Küche sind damals viele gesessen, die die Ereignisse angelockt hatten. Gläubige und Zweifler kamen, ja, es waren wohl meist Zweifler, aber sehr viele gingen weg und waren überzeugt worden. Wir selbst bemühten uns nicht um ihre Überzeugung. Man konnte nicht verlangen, daß so etwas geglaubt würde, wenn man es nicht selber erlebt hatte. Aber die Vorgänge bei uns hatten sich herumgesprochen, schon durch die Botschaften, die wir den Angehörigen der Armen Seelen ausrichten mußten, doch wir selber taten wenig zur Verbreitung, weil es damals nicht ratsam war aufzufallen.

Viele Beispiele von ähnlichen Fällen sind uns erzählt worden und mir fast alle wieder entfallen. Nur ein Beispiel ist in mir haften geblieben, das Herr Brand selber erzählt hat. Sein eigener Vater war es, der es erlebt hatte. Der saß eines Sonntags an der Wiege seines ersten Kindes; seine Frau war in die Kirche gegangen, denn sie mußten sich des Kindes wegen beim Gang zum Gottesdienst ablösen. So saß er in der sonnigen Küche allein und sah auf das schlafende Kind nieder. Dabei kam ein großes Glücksgefühl über ihn. Nur eines fehlte ihm noch zu seinem vollkommenen Glück: die Kunde von seinem einzigen Bruder, der vor langen Jahren nach Amerika ausgewandert war und seitdem verschollen blieb. Während er diesem innigen Wunsch in sich nachhing, kam auf einmal trotz der geschlossenen Fenster und der Sonne draußen ein solch furchtbarer Sturm ins Zimmer, daß er die Betten in der Wiege aufwühlte. Der Vater mußte sich darüberbeugen, um sie mit dem Gewicht seines Leibes festzuhalten. Während er nun mit ausgebreiteten Armen über der Wiege lag, wurde sein Blick zur Tür gezwungen. Da stand in der offenen Tür sein vermißter Bruder, so wie er von ihnen gegangen war, und sagte: "Du hast mich gerufen, und ich durfte kommen. Ich bin nicht mehr unter den Lebenden, aber es geht mir gut. Doch rufe mich nicht mehr, denn der Weg zu dir ist furchtbar." Und damit verschwand die Gestalt in der Tür. Im Zimmer war wieder die sonnige Ruhe des Sonntagvormittags. Das alles hat sich in einem Dorf am Annaberg in Oberschlesien zugetragen. (Das ist der Bericht, der in mir haften blieb.)

## Der ungläubige Thomas

Unter den vielen Geistlichen, die zu uns kamen, saß auch Pater J., der mir Konvertitenunterricht gegeben hatte. Vielleicht waren das die schönsten Stunden meines Lebens gewesen, die ich in dem kleinen Kloster auf dem Berge verbringen durfte, wo über die Mauer des Klostergartens die Kreuze des Kirchhofs grüßten, wo von nichts anderem die Rede war als von der wunderbaren Lehre unseres Gottes und wo ich an der Hand dieses Priesters immer tiefer eindringen durfte in die Geheimnisse unserer Herkunft aus Gott. Es war vielleicht ein seltsamer Unterricht; viele Nebensächlichkeiten, die auch zur katholischen Kirchenlehre gehören und sich auf Gottesdienst und Gebräuche beziehen, wurden kaum berührt, sodaß ich mir jetzt noch manches erfragen muß. Aber das helle Licht, das durch die Türen drang, die mir Pater J. aufschloß, berauschte mich so, daß ich nur immer weiter vordringen wollte und durstig aus den Quellen trank, die mir bisher versagt geblieben waren. Und nun saß Pater J. auch hier bei uns, wollte jedoch von dem allem nichts wissen und nichts gelten lassen, bis er es nicht auch erleben durfte.

Ich konnte ihn sehr gut verstehen. Sein Geist war so der Klarheit zugekehrt, daß er diese mystischen Dinge nicht anerkennen wollte, bevor er sich nicht selbst davon überzeugt hatte. Die Vorgänge bei uns waren ihm zu unerklärlich, zu dunkel, zu mystisch, nicht vereinbar mit seiner Erkenntnis. Und doch waren sie so einfach und klar wie jeder natürliche Vorgang, wie jede Wahrheit aus Gott. Aber das erfuhr Pater J. erst später.

So saß also dieser ungläubige Thomas unter uns und verlangte kategorisch, erst zu sehen, ehe er glaubte. Ich aber dachte bei mir: 'Wie wird Gott es gerade seinetwegen geschehen lassen, nur weil er seinen Glauben davon abhängig macht? Nein, das wird Gott sicher nicht tun.' Aber Gott war größer, als ich dachte, und brauchte nicht auf seine Größe zu pochen; er vergab sich nichts, wenn er diesem Ungläubigen seinen Wunsch erfüllte. Und Pater J. wünschte sich folgendes Zeichen: "Ich kenne eine Krankenschwester. Sie ist nicht von hier und hat auch nicht hier gelebt. Sie hat voriges Jahr Typhuskranke gepflegt, hat sich dabei angesteckt und ist daran gestorben. Wenn diese sich hier meldet, so will ich glauben, daß die Vorgänge wirklich überirdischer Natur sind."

Das war eine neue Schwierigkeit. Eigentlich war es eine Forderung mit genau umrissenen Wünschen, eine uns aussichtslos erscheinende Sache. Wir nahmen es nur zur Kenntnis. Keiner von uns dachte auch nur entfernt daran, daß sich etwas ereignen könnte, was auch diesen Skeptiker befriedigen würde. Und wie zur Bestätigung unserer Annahme hatte es bei diesem Besuch nicht ein einziges Mal geklopft. Auch beim nächsten Besuch am 8. Januar passierte nichts.

Dann kam der 10. Januar 1946. Um 8.10 Uhr abends klopfte es an das Fenster des Schlafzimmers. Grete ging in die Diele, um zu fragen, während wir alle in der Küche saßen. Da meldete sich aus dem Schlafzimmer eine Stimme und sagte: "Ich danke für das Hl. Meßopfer und die vielen Gebete. Dein Bruder Paul." Darauf war es fast eine Stunde ruhig, bis es um 9.07 Uhr abends an die Korridortür klopfte und auf Gretes Frage aus dem Schlafzimmer antwortete: "Nur eine Hl. Messe, dann bin ich erlöst. Liesel."

Wir gingen alle unsere Bekannten durch, aber niemand kannte jemand mit Namen Liesel. Wer konnte das sein? Da fiel mir ein, das dürfte vielleicht die Krankenschwester von Pater J. sein. Aber im selben Augenblick verwarf ich diese Mutmaßung. Da uns niemand einfiel, fragte ich dann aber doch Pater J., ob die Krankenschwester vielleicht Liesel heiße. Er lachte nur: "Es gibt so viele Krankenschwestern, die Liesel heißen, nein, solange sie nicht ihren vollen Namen sagt, kann ich nicht glauben, daß sie es ist." Der Fall schien aussichtslos, und wir verschwendeten keinen Gedanken mehr daran. Außerdem meldeten sich bei uns immer mehr Tote.

Im Schlafzimmer stand eine große Palme in einem Majolikakübel auf einem Sockel. Am 19. Januar, als Grete schon im Bett lag, aber noch nicht schlief, wurde diese Palme um 9.45 Uhr abends von schönen Frauenhänden vom Ständer heruntergenommen und mitten ins Zimmer gestellt. Grete hatte nur die Frauenhände bis zum Handgelenk gesehen, um das ein schmaler weißer Streifen ging, wie es die Tracht einer Krankenschwester gebot. Ich muß erwähnen, daß sich die Toten immer durch sehr auffällige Dinge bemerkbar machten, also durch Handlungen, die sonst niemand tun würde. Grete lag, wie gesagt, im Bett, das Zimmer war durch den Kronleuchter, der drei Lichtschalen hatte, beleuchtet. Grete war drei bis dreieinhalb Meter von der Palme entfernt, konnte aber alles genau sehen. Es war das erste Mal, daß sie auch etwas sah. Dann fragte sie, und als sie ihre Frage gestellt hatte, stand eine sehr schöne, junge Krankenschwester in Tracht genau in der Ecke den beiden Betten gegenüber, ohne zu sprechen. Nachdem sich Grete etwas beruhigt hatte, fragte sie noch einmal nach ihrem Namen. Da kam die folgende Antwort: "Dieser, der mich kennt, der für mich betet, der weiß, wie ich heiße."

Ich will noch einmal betonen, daß ich alle Meldungen, die Grete erhielt, sofort auf den nächsten Fetzen Papier niederschrieb. Diese Papiere liegen hier neben mir. Manchmal ist es nur ein alter Kalenderzettel, oft ein ganz großes Papier, dann wieder ein Einkaufszettel, so wie ich es gerade erwischte. Ich schärfte Grete immer wieder ein, niemals auch nur das geringste Wort auszulassen oder umzustellen, sondern genau alles so wiederzugeben, wie sie es empfangen hatte. Grete war schon so gewissenhaft, daß sie es niemals gewagt hätte, auch nur ein Wort umzustellen oder gar auszulassen.

In vielen wird die Frage auftauchen, ob Grete durch diese Erlebnisse sehr mitgenommen war, besonders durch das Schauen. Aber ich muß antworten, daß gerade derjenige, der auserwählt ist, solche Dinge zu erleben, also wie Grete der Vermittler zu sein, soviel Kraft dazu bekommt, daß er sie weit besser erträgt als wir Zuschauer. Ich zum Beispiel hatte immer eine große Angst und fürchtete am meisten das Klopfen und die unheimliche Stille nach den Fragen, daß ich manchmal meinte, mein Herz müsse zerspringen. Auch Frau Brand litt sehr darunter. Ihrem stetigen Gebet um Wiederwegnahme ist es wohl zu danken, daß wir nach acht Monaten befreit wurden, obwohl es eine große Gelegenheit war, an den Toten viel Gutes zu tun, und wir eigentlich hätten dafür dankbar sein müssen; aber wir hielten es eben mit unseren Nerven nicht aus.

So war also nun eine Krankenschwester bei uns gewesen. Ich ging mit Grete sehr beglückt zu Pater J., und wir erzählten ihm alles. Grete beschrieb sie ganz genau, aber Pater J. war weiterhin ungläubig. "Krankenschwestern", sagte er, "sehen alle so aus, wenn sie jung sind, und blonde gibt es auch viele. Daraus sehe ich noch lange nicht, daß sie es war. Warum will sie denn nicht ihren Namen nennen? Das ist doch kein Geheimnis. Alles andere kann ich glauben oder nicht glauben. Erst der Name würde mir die Gewißheit geben, daß sich hier wirklich etwas Überirdisches abspielt."

Man sieht, Pater J. war mehr als skeptisch und glaubte wohl, das sich selbst und der Wahrheit schuldig zu sein. Wir gingen also achselzuckend nach Hause. Ihm war eben nicht zu helfen; er wollte nicht glauben. Da wir wußten, daß alle diese Dinge auch von Gott ausgehen und daß sich ohne Gottes Willen diese Toten niemals hätten melden dürfen, so hielten wir es für längst genug getan, um Pater J. zu belehren. Er wollte eben nicht, und damit gut.

Am 24. Januar abends 9.50 Uhr lag Grete schon im Bett. Da sah sie, wie dieselben Schwesternhände einen Stoß Noten aufnahmen, der in der Ecke des Schlafzimmers auf einem Stuhl lag, dicht neben der Palme. Dieser Stoß Noten wurde nun durch das ganze Zimmer getragen und vor der offenen Tür, die in den Korridor führte, niedergelegt. Grete fragte und erhielt die Antwort: "Schwester Liesel Fitzner."

Das war der Name, aber ob es der richtige war? Gleich am nächsten Tage gingen wir wieder zu Pater J. und fragten ihn: "Heißt sie vielleicht Liesel Fitzner?" "Ja", sagte er, "so heißt sie! So ist doch alles wahr." Und drei Tage darauf las er noch eine Heilige Messe für ihre Erlösung.

Am 28. Januar abends 7.45 Uhr wurde bei uns das große Herz-Jesu-Bild, das fast einen Meter hoch war und über den beiden Betten hing, heruntergenommen und auf die Betten gelegt. Auf Befragen wurde gesagt:

"Ich bin erlöst und danke Pater J. für die Hl. Messen und die vielen Gebete. Schwester Liesel." Hier nannte sie zum erstenmal genau den Namen von Pater J. und unterschrieb mit ihrem gebräuchlichen Schwesternnamen. Das war das erste abgeschlossene Erlebnis mit einem großen Zweifler. Wenn ich zurückdenke, weiß ich, daß diese Zweifel von Pater J. genau in Gottes Plan mit hineingewoben waren. Denn wieviel tausend Zweifler wird es wohl geben, die diesen Bericht lesen und darüber nur lächeln werden. So mußte Gott, der alles vorausbedenkt, einen Zweifler schaffen, der auf diese wunderbare Weise von seinen Zweifeln geheilt wurde.

Die Worte sind viel zu trocken, mit denen ich das alles niederschreibe. Was verbirgt sich alles hinter diesem Erlebnis? Möge jeder selber darüber nachdenken. Wenn er einmal begonnen hat, wird Gott ihn tiefer in die Erkenntnisse einführen. Es wird ihm die unerschütterliche Gewißheit werden, daß unsere Toten leben und daß auch wir leben werden und das irdische Leben in seiner körperlichen und geistigen Gebundenheit eher mit dem Tode zu vergleichen ist als das jenseitige Leben mit seiner unbegrenzten Entfaltung.

# Wie hört Grete die Toten?

In vielen Leuten wird jetzt die Frage aufsteigen, die auch mich am meisten beschäftigt hat: Wie hört Grete die Toten? Wir haben sie ja lange nicht gehört, erst ganz zum Schluß, ehe Gott diese Erlebnisse aufgrund unserer Bitten wieder von uns nahm, hörten auch wir sie, sonst war immer nur Grete die Übermittlerin. Wir alle hörten wohl das Klopfen und sahen auch die Gegenstände fliegen, aber auf die Fragen von Grete hörten wir nichts. Das war ihr vorbehalten. Ich habe Grete sehr oft gefragt: "Wie ist das, wenn die Toten zu dir sprechen? Hast du dann Angst, und wie verstehst du sie?"

"Nein", sagte sie, "Angst habe ich gar keine, und ich höre die Toten ganz deutlich, so als ob sie neben meinem Ohr sprächen."

"Kannst du aber auch jedes Wort verstehen? Ich meine, sprechen sie deutlich?"

"Ja, sie sprechen ganz deutlich und so klar, daß ich jedes Wort verstehen muß."

Ich dachte wieder zurück an die unheimliche Stille, die nach den Fragen eintrat und die mich immer so bedrückte. Ich schwankte zwischen dem Willen, das auch zu hören, und der Angst davor. Und dann war ich froh, daß über uns bestimmt wird, denn wie oft würden wir das Falsche wählen!

## Tote, die sich mehrmals meldeten

Ich fahre mit meinem Bericht über die Toten fort, die mehr als einmal zu uns gekommen sind, obgleich ich einige von ihnen schon erwähnt habe.

Der allererste Tote, der sich bei uns meldete, war der Bruder von Frau Brand und Grete, Paul, der am 27. Juni 1944 in Rußland gefallen war. Er kam am 30. Dezember 1945 als erster und antwortete auf Gretes Fragen: "Dein lieber Bruder Paul, nur eine Heilige Messe, nur eine." Das zweite Mal kam er am 6. Januar 1946 um 9.50 Uhr abends, das heißt, um diese Zeit fing es bei uns zu klopfen und zu werfen an. Es meldeten sich an diesem Abend dreizehn Tote. Paul war der dritte. So wird es also schon nach zehn Uhr gewesen sein.

An diesem Abend sagte er nur: "Hier ist dein Bruder Paul, vergiß mich nicht, Grete, und laß mir die Messe lesen in der Kirche, in der ich getraut bin, als ich noch bei euch war."

## Tote bei der Hl. Messe

Aus dieser Antwort geht die große Sehnsucht nach einer Hl. Messe hervor, eine Sehnsucht, die alle Toten haben. Es zeigt sich darin aber auch die Sehnsucht nach der liebgewordenen Kirche. Es ist wohl so, daß die Toten auch ihren Hl. Messen beiwohnen dürfen. So sollte die Hl. Messe in der Kirche stattfinden, die Paul nicht vergessen konnte. Eigentlich waren das noch ganz menschliche Empfindungen. Ich mußte mir im stillen zugestehen, daß das für mich sehr beruhigend war. Vor nichts fürchtet man sich mehr als vor dem, was man nicht begreifen kann. Diese Empfindungen aber konnte jeder begreifen, und das Leben war früher nicht so ganz anders, nur unendlich freier.

Dann noch etwas darüber, daß die Toten sehr oft mitten unter uns sind, natürlich ohne daß wir sie sehen können oder dürfen. Hierfür gibt es ungezählte Beispiele; eine ganze Literatur ist darüber geschrieben worden. Es ist unmöglich, auch nur einen kleinen Teil davon anzuführen. Auch kann ich mich nur an das halten, was ich miterlebt habe oder was mir von vertrauenswürdigen Personen übermittelt worden ist, die es selbst erlebt haben. So hat in Breslau eine Ordensschwester gelebt, die heute noch hier im Westen leben soll. Sie hatte auch die Gabe, die Toten sehen zu dürfen. Eine andere Ordensschwester, die demselben Orden angehörte und die ich wieder sehr gut kannte, ging eines Morgens mit der betreffenden Schwester in die Frühmesse. Da machte sie diese Schwester auf eine Frau aufmerksam, die vor ihnen herging. Es war eine Frau mittleren Alters, nicht sehr groß und mit einem Schleier vor dem Gesicht.

"Was ist mit der Frau?" fragte meine Bekannte.

"Es ist eine Tote; sie darf jeden Morgen zur Frühmesse kommen."

Meine Bekannte wollte das nicht glauben, denn, sagte sie sich, es ist leicht, von einer Unbekannten zu sagen, das sei eine Tote, auch wenn man es nicht beweisen kann. Da sie ein sehr zweifelndes Gesicht machte, sagte die Schwester zu ihr: "Sie sehen doch, wir sind ja nur noch einen Schritt von ihr entfernt."

"Ja, ich sehe sie", sagte die andere, aber im selben Moment erblickte sie an der Stelle, wo die Frau gegangen war, niemand mehr. Eine Augentäuschung, nichts weiter, dachte sie sich, aber da ging die Tote wieder einen Schritt vor ihnen, und das wiederholte sich noch einige Male, bis sie ganz verstört fragte: "So können Sie die Toten sehen?"

"Ja", sagte die Schwester, "es sind manchmal viele von ihnen in der Kirche. Es ist für sie eine große Gnade, wenn Gott ihnen erlaubt, nach dem Tode an einer Hl. Messe teilzunehmen, deren Besuch sie vielleicht im Leben versäumt haben und der sie jetzt mit großer Hingabe beiwohnen, da sie wissen, was sie für ihre Erlösung bedeutet."

## Bruder Paul

Wir wollen einmal den Bruder Paul auf seinem kurzen Wiederkommen auf Erden begleiten. In der gewünschten Kirche wurde die Hl. Messe für ihn bestellt und am 10. Januar 1946 gelesen. Am Abend dieses Tages um 8.10 Uhr meldete sich Paul und sagte: "Ich danke für das Heilige Meßopfer und die vielen Gebete. Dein Bruder Paul." Wir waren natürlich alle beim Meßopfer zugegen gewesen und hatten viele Bekannte und Freunde mitgenommen.

Am 19. Januar abends 9.10 Uhr, als Grete gerade zu Bett gehen wollte, flog auf einmal das kleine Kreuzchen, das zwischen den Betten unter dem großen Herz-Jesu-Bild hing, ganz leise auf Gretes Bett. Auf Befragen meldete sich: "Dein Bruder Paul dankt für die Hl. Messe und ich bin schon erlöst und im Himmel und werde euch auch helfen." (Es ist anzumerken, daß inzwischen eine zweite Messe gelesen worden war.)

Das war der erste Tote, der bei uns anklopfte und dem wir durch unsere Gebete helfen durften. Dafür haben uns die Toten wiederum viel geholfen, und nie mehr hat ein Pole oder Russe unsere kleine Wohnung in übler Absicht betreten dürfen, während um uns herum immer noch die größten Greuel geschahen.

## Mutter und Schwester

Die zweite Tote war meine Mutter. Am 30. Dezember 1945 durfte Grete zum ersten Mal fragen. Auch nach der Aussegnung unserer Wohnung durch den Erzpriester hatte Herr Brand noch lange nicht zu fragen erlaubt, weil wir eben Ruhe haben wollten, ganz gleich, was da vorging. Wir waren durch die schlimmen Vorgänge in der Welt um uns so beansprucht, daß es uns niemand verargen konnte, wenn wir darauf verzichteten, unsere Nächte mit Toten zu verbringen. Uns reizte auch nicht das Überirdische. Es passierte so viel um uns herum, daß auch überirdische Begebenheiten dadurch verblaßten. Wir wollten Ruhe und nichts weiter, aber die Toten gaben keine Ruhe.

Wenn man sie verstehen will, muß man sich in ihre Lage versetzen. Gott gab ihnen die Erlaubnis, uns um Gebete zu bitten, durch die sie schneller zu ihrer Erlösung kämen. Als sie sich nun bei uns meldeten, übersahen wir ihre Meldung geflissentlich. Kein Wunder, daß sie immer dringender wurden und uns keine Ruhe ließen, um zu ihren Gebeten zu kommen. Erst als wir einsahen, daß wir eher Ruhe bekämen, wenn wir Grete fragen ließen, durfte sie fragen. Man kann auch hieraus ersehen, daß Grete nicht selbständig handeln durfte. Ihr Schwager war wohl ein sehr frommer Mann, aber durchaus nicht geneigt, ihr in dieser Sache volle Freiheit zu geben. Wenn er abends aus dem Dienst kam, sehnte er sich nach nichts weiter als nach Ruhe.

Die zweite Tote war, wie gesagt, meine Mutter, die sagte: "Ihr müßt viel für mich beten." Ich dachte an das Grab in Breslau auf dem Friedhof. Ich wußte von meiner Schwester, daß es in einer Reihe lag und gar nicht dort, wo wir unser Familiengrab hatten, denn dieser Teil war wegen der Minengefahr gesperrt. So lag das Grab ganz weit draußen auf einem fremden Platz. Meine Schwester hatte zur Erkennung ein Holzkreuz aus Birkenästen darauf gesteckt, da es damals nicht zu kaufen gab, und wer von den Deutschen hatte Geld dafür, da es nicht einmal fürs Brot reichte! Aber nun war meine Mutter hier im Zimmer. Sie war mitten unter uns, lag nicht mehr draußen an fremder Stätte, war hier und bat um unser Gebet.

Also war auch für sie, trotz dieses schweren Endes, die Erlösung noch nicht da. Außerdem muß ich hinzufügen, daß meine Mutter, wie ja alle meine Angehörigen väterlicher- wie mütterlicherseits, der evangelischen Religion angehörte und sie eine der letzten gewesen wäre, die zu Lebzeiten an Fegfeuer oder Wiederkehr der Toten geglaubt hätte. Nun war sie doch hier, und wir falteten für sie die Hände und beteten um ihre Erlösung. Und Gott hat ihr sicher unsere Gebete zu ihrem Heil angerechnet. Gleich am nächsten Tage ging ich eine Hl. Messe für sie bestellen, die schon am Neujahrstage für sie gelesen werden sollte, dann aber doch erst am 6. Januar, am Dreikönigstag, gelesen wurde, und zwar von Herrn Pater J. Genau an diesem Tag meldete sich abends meine Mutter und sagte: "Ich danke meiner lieben Friedel für die Hl. Messe. Deine Mutter." Sie gebrauchte also wieder den Namen meiner allerersten Kindheit.

Am 14. Januar um 8.40 Uhr früh flog auf einmal der Regenschirm von Herrn Brand, der zusammengerollt in einer Ecke des Schlafzimmers gestanden war, aufgespannt auf das Bett von Herrn Brand. (Das Schlafzimmer war deshalb so vollgestopft, weil ja immer alles möglichst versteckt werden mußte wegen der dauernden Überfälle und wir auch noch für Bekannte Sachen aufhoben.) Grete sah den Schirm fliegen und fragte. Es kam die Antwort: "Elfriede, Elfriede, hol doch die Käthe (meine in Breslau allein gebliebene Schwester), die geht zugrunde."

Hier also zunächst mein richtiger Name, nachdem ich in unserem Kreis meine Verwunderung über den Gebrauch meines Kindernamens ausgedrückt hatte, und dann die große Sorge, die aus der Bitte sprach. So war meine Mutter nicht nur in unserer Mitte gewesen, sondern sie hatte auch die Erlaubnis erhalten, um meine Schwester zu sein, und sah, wie schlecht es ihr ging und daß sie das Leben dort nicht mehr lange ertragen würde.

Natürlich regte mich das schrecklich auf. Ich hatte schon immer gefürchtet, daß es meiner Schwester dort so allein nicht gutgehen würde, aber wie sollte ich ihr helfen? Ich stand selber ohne jegliche Mittel da, hatte keinerlei polnische Papiere und war der polnischen Sprache überhaupt nicht mächtig. Wie sollte ich da helfen? Wir lebten hier alle von der Hand in den Mund, hatten kaum soviel, daß wir das nötige Essen kaufen konnten, und nun sollte ich in einer dreihundert Kilometer entfernten Stadt meiner Schwester helfen. Und doch mußte etwas geschehen, nur wie? Wie?

Die Sorge, die dadurch auf mich fiel, war riesengroß. Schon die Hinfahrt war für mich ganz ausgeschlossen. Ohne polnische Sprachkenntnisse hätten sie mich, wie so viele Deutsche, auf die Schienen geworfen. So rannte ich verzweifelt herum und suchte Hilfe. Dazu kam, daß auch nach mir gefahndet wurde. Ich war einer Aufforderung der polnischen politischen Polizei nicht gefolgt, die von mir einen Antrag auf polnische Staatsangehörigkeit forderte. Ohne diese hätte ich ausgesiedelt werden müssen. Das geschah aber auch mit dieser Staatsangehörigkeit, wie es der Polizei eben paßte. Um der sofortigen Ausweisung zu entgehen – denn wir hofften doch alle damals auf baldige Befreiung – , schlief ich in anderen Wohnungen, zumal da meist bei Nacht abgeholt wurde. Am Tage war ich immer wieder da.

Am 18. Februar vormittags um 10.10 Uhr klopfte es in meinem Zimmer ganz laut ans Fensterbrett. Ich wußte, daß die kommende Botschaft mich anging, aber wir fragten nicht gleich. Da klopfte es ganz laut an meinen Schrank, dann an meine Zimmertür und dann innen in meinem Schrank. Jetzt fragte Grete, und da kam die Antwort: "Elfriede, Elfriede, hol doch die Käthe sofort, sie ist in großer Gefahr."

Es kann niemand ermessen, mit welchen Gefühlen ich durch die Straßen gerannt bin, um Hilfe zu suchen, immer in der furchtbaren Angst in mir, wie es meiner Schwester gehen mochte. Kann ich ihr noch helfen oder ist es schon zu spät? Und wie, wie kann ich ihr helfen?

## Grete ruft eine Tote

Am Abend dieses Tages ging ich noch einmal nach Hause. Nun geschah etwas, dessen Bedeutung mir wirklich erst hier, fast drei Jahre später, aufgegangen ist. Damals war ich so erfüllt von meinen Sorgen, daß mir die Größe meines Begehrens gar nicht in den Sinn kam. Seltsamerweise waren auch Frau Brand und Grete ganz meiner Meinung. In keinem von uns war auch nur der geringste Zweifel, daß es gelingen würde.

Ich saß weinend in der Küche. Nachdem wir alles besprochen hatten, sagte ich zu Grete: "Geh und rufe Mama und frage, ob es noch Zeit ist." Und Grete stand auf und ging in das Schlafzimmer. Warum eigentlich dahin, wußte niemand zu sagen, andrerseits fanden wir es alle ganz richtig. Dort stellte sich Grete an die Betten, klopfte an das Holz derselben und fragte: "Mama, die Tochter ist da. Sie ist in der Küche."

Sofort kam die Antwort: "Elfriede, beruhige dich doch, ich kenne deinen guten Willen. Es wird alles gut, ich lenke die Gefahr ab."

Ich stand neben Grete. Sie wiederholte es mir Wort für Wort. Dann bat ich sie zu fragen, ob es noch Zeit wäre. Grete fragte mit den Worten: "Die Tochter läßt fragen, ob es noch Zeit ist."

Die Antwort kam wieder sofort und lautete: "Beruhige dich, ich weiß alles, es wird alles gut, ich helfe schon."

An diesem 18. Februar des Jahres 1946 müßte sich eigentlich meine bisherige Weltanschauung grundlegend geändert haben, aber damals empfand ich nichts dergleichen, keine Erschütterung, nichts. Es ist mir damals nicht einmal zum Bewußtsein gekommen und den anderen Beteiligten ebensowenig, ja ihnen vielleicht heute noch nicht, daß wir von uns aus Tote gerufen haben und daß diese Toten auf unseren Ruf hin kommen durften. Kein Zweifel war in uns, daß es geschehen würde, und aus diesem Grunde geschah es vielleicht. Denn wenn wir auch schon an die Anwesenheit der Toten gewöhnt waren und sie schon als ganz natürlich empfanden, von uns aus gerufen hatten wir noch keine. Dazu war die Furcht vor ihnen in uns immer noch zu groß. Aber meine große Sorge besiegte diese Furcht, und der Ruf kam an und wurde erhört.

Als junges Mädchen hatte ich einmal spiritistische Sitzungen mitgemacht. Wir sind mit Studenten und jungen Assistenzärzten hingegangen und haben uns schon vorher über alles lustig gemacht. Als dann die Toten gerufen wurden, war es aber doch sehr merkwürdig, daß sich Geister meldeten und auf unsere Fragen zum Teil ganz richtige Antworten gaben. Natürlich waren wir nicht der Ansicht, daß wir es mit Geistern zu tun hätten, und da die Tochter der Frau von B., in deren Haus diese Sitzungen stattfanden, ein sehr gutes Medium war, dachten wir an Somnambulismus, Hypnose und dergleichen.

Als ich dann im Jahre 1946, nach meinen Erlebnissen mit den Toten, wieder an diese Sitzungen dachte, ist mir doch manches klar geworden. Nun wußte ich, daß es gebundene und ungebundene Geister gibt. Die gebundenen Geister sind unsere lieben Toten, die Gott für die Seligkeit bei ihm ausgesucht hat und die sich niemals ohne seine Erlaubnis melden dürfen. Man denke dabei doch einmal an sich selber, die wir ja auch einmal ins Reich der Toten müssen. Wie würde es uns dann gefallen, wenn wir, erfüllt von Sehnsucht nach der vollständigen Vereinigung mit Gott, auf einmal wieder auf die Erde müßten, weil sich irgend jemand dort an ein Tischchen gesetzt hat und nach uns ruft, damit wir ihm seine überflüssigen Fragen beantworten. Ich glaube kaum, daß Gott uns deswegen hinließe, und wir von uns aus würden es auch kaum wollen. Gott gibt wohl den Toten die Erlaubnis wiederzukommen, aber immer nur dann, wenn er damit auf die Seelen der Menschen einwirken will. Denn auch das allergeringste Tun Gottes steht immer in Verbindung mit der Seligkeit bei ihm.

Aber nun gibt es noch andere, ungebundene Geister, die Gott nicht für die ewige Seligkeit bestimmt hat. Diese wissen als Geister genau so gut Bescheid über alle irdischen Dinge. Da sie dem Bösen untertan sind und ihre vorgeschriebenen Aufgaben haben, benützen sie alles gerne, um sich den Menschen zu nähern. Deshalb hat Gott schon im Alten Testament den Menschen den Verkehr mit den Geistern streng verboten. Wenn sie es aber dennoch tun, dann tun sie es auf eigene Gefahr und müssen auch die Folgen tragen. Die guten Geister aber unterstehen den Befehlen Gottes. Er spricht und handelt durch sie.

So war also Mama am 18. Februar 1946 auf unser Rufen gekommen und hatte in unser Leben eingegriffen. Wir haben es damals nicht als Wunder aufgefaßt. Es war auch gar kein Wunder, es geschah, weil der Ruf nach Hilfe in uns so stark war und wir ganz ohne Zweifel, daß Gott sich neigte und uns erhörte.

Da sagte also Mama, daß sie meinen guten Willen kenne, und gab zu verstehen, daß sie über alles Bescheid wisse, aber in demselben Satz sagte sie weiter: "Es wird alles gut, ich helfe schon." Damit gab sie zu erkennen, daß die Toten um uns sind, daß sie um alles wissen und daß sie helfen können.

Hier muß man ganz still erst einmal alles auf sich wirken lassen und dann unsere heutige Welt betrachten, die eigentlich blutwenig von einer Hilfe der Toten weiß, daran auch gar nicht glauben will und sich damit der besten Hilfsquellen entsagt. Wenn man den Menschen von der Macht der Toten erzählen würde, so würden sie hinter einem herlachen, sich an die Stirn tippen und in ihrer übergroßen Schlauheit sagen: "So etwas gibt es doch gar nicht!" Aber ich darf nicht das allerkleinste Steinchen schleudern, denn ich hatte ja vorher ebenso gedacht.

## Die tote Mutter hilft der lebenden Tochter

Das war also das Erlebnis des 18. Februars 1946. Ich ging nachher wieder auf die Suche und fand eine Frau Schaff, die zwar eine Deutsche war, aber gut Polnisch sprach, sich dadurch auch hatte polnische Papiere verschaffen können und in der Lage war, anderen Deutschen zu helfen. Etwas Geld hatte ich beisammen. Wir überlegten, ob Frau Schaff nach Breslau fahren und meine Schwester holen könne.

So ging ich am 19. Februar mittags nach Hause. Da sich noch ein Rektor F. gefunden hatte, der seine Tochter auch aus Breslau holen wollte, saß ich in der Küche bei uns und besprach alles mit Brands. Als wir noch darüber sprachen, klopfte es wieder. Es war genau 1.15 mittags. Mama meldete sich und sagte: "Elfriede, Elfriede, schicke doch Frau Schaff, ich weiß, daß sie alles erledigen wird."

Natürlich wunderten wir uns sehr, daß Mama den Namen der Frau erwähnte, von der wir gerade sprachen, und sagten das auch zueinander. Genau nach vier Minuten klopfte es wieder an die Küchentür. Wieder war Mama da und fragte: "Warum erscheint euch das so unglaublich?"

Hier könnten vielleicht manche denken, Grete hätte sich einen Scherz erlaubt. Aber das hätte sie sich in diesen Dingen niemals erlaubt noch erlauben dürfen. Solche Scherze hätte ihr ihr Schwager niemals verziehen, da er keineswegs für diese Aufregungen war und alles nur hinnahm, weil er es mußte. Auch war er viel zu gottesfürchtig, um sich dagegen aufzulehnen. Aber Scherze hätte sich Grete nicht erlauben dürfen; das wußte sie ganz genau. Und dann noch etwas: Hätte Grete von sich aus geantwortet, ganz abgesehen davon, daß wir ja das Klopfen immer hörten, so wäre der Satz ganz anders ausgefallen. Sie hätte vielleicht gesagt: "Warum wundert ihr euch darüber?" oder sonst eine einfache Satzstellung gebraucht, aber nie den Satz: "Warum erscheint euch das so unglaublich?"

Mama hatte sich also so ausgedrückt, womit feststeht, daß sie während der ganzen Zeit um uns war und, dank ihrer Erlaubnis, in unser Gespräch eingreifen durfte und sich von ihrem gegenwärtigen Standpunkt aus wunderte, daß wir uns darüber wunderten. Ich muß sagen, daß es hier meinem Gehirn einen Ruck gegeben hat. War Mama schon so weit von uns, daß sie sich nicht mehr in unseren Gedankengang einfühlen konnte? Erschien es ihr von ihrem gegenwärtigen Ort aus als etwas so Selbstverständliches, daß man sich mit Toten unterhielt und wir Lebenden annahmen, daß die Toten um uns seien und alles hören konnten?

Während ich so dachte, stieg unser altes Eßzimmer vor meinem inneren Auge auf. Ich sah die dunklen Mahagonimöbel glänzen und Mama auf ihrem gewohnten Platz sitzen. Waren denn unsere Gespräche jemals so gewesen, daß man hätte annehmen können, in unserer Familie sei ein Glaube an überirdische Dinge zu Hause? Ich mußte bei diesem Gedanken lächeln. Wir waren wohl alle streng gläubig erzogen worden, aber zur Mystik fühlte sich keiner hingezogen. Das alles wußte Mama ganz genau, und hier sagte sie kaum zwei Monate nach ihrem Tode: "Warum erscheint euch das so unglaublich?" Ja, mich wunderte das sehr. Mama, die strenge Protestantin, verlangte nach dem Tod eine Hl. Messe und fand es selbstverständlich, daß Tote an einem Zwischenort lebten und sich melden durften.

Ich ging dann noch einmal fort, um mit Herrn F. und Frau Schaff zu sprechen, und war sehr aufgeregt, ob die Reise auch klappen würde. Um 2.50 Uhr ungefähr war ich zu Hause. Kaum saß ich, klopfte es schon wieder, Mama meldete sich und sagte: "Mein Kind, bleibe ruhig, ich werde alles tun. Schickt F. und Frau Schaff, daß Käthe ihre letzte Habe retten kann." Also dachte Mama an alles und war sowohl bei uns als auch bei meiner Schwester und mußte sich genau umgesehen und auch Irdisches berücksichtigt haben. Sonst hätte sie nicht gesorgt, daß meine Schwester noch etwas für sich retten konnte.

Im letzten Augenblick vor der Abfahrt erkrankte aber Frau Schaff, doch fand sich für sie glücklicherweise ein Ersatz in der Schwester meines früheren Kinderfräuleins, die uns alle gut kannte und vor allem polnisch sprach, wenn sie auch keine vollgültigen polnischen Papiere hatte. Und dann fuhren sie ab, und wir blieben in banger Erwartung zurück.

Damals verkehrten die Züge lange nicht so oft wie zu deutschen Zeiten. Vor allem waren sie überfüllt mit einreisenden Polen, Männern, Frauen und Kindern, die alle in die eroberten Gebiete fuhren, um sich am Raub zu beteiligen, und danach zurück, um das Geraubte in ihrer Heimat abzuliefern, in der immer eine alte Babka zurückgeblieben war und alles hütete, damit die anderen wieder zurückfahren und noch mehr holen konnten. Kein Wunder, daß damals die Benutzung der Züge für einen Deutschen lebensgefährlich war, denn diese polnische Bevölkerung, die da hereinströmte, war in einem Rausch des Eroberns und des Raubens und befand sich in einem wahnsinnigen Haß gegen alles Deutsche. Auch hatten ja die Polen bisher nur auf dem einfachsten Lebensstandard gelebt, wenigstens die unteren Schichten der Bevölkerung. Nun fiel ihnen diese unermeßliche Beute zu, die sie kaum bergen konnten. Also durften Deutsche in den Zügen keinen Platz wegnehmen, den sie so nötig brauchten.

Am 20. Februar fuhren Herr F. und Martel hin, wollten zwei Tage in Breslau bleiben und am 23. Februar wieder zurück sein. Am 22. Februar, abends um 6.30 Uhr, klopfte es wieder bei uns. Mama meldete sich bei uns und sagte: "Käthe ist unterwegs, unter großen Strapazen."

Sonnabend, den 23. Februar gingen Grete und ich wie verabredet mit einem Wägelchen zur Bahn, um Käthe abzuholen. Wir standen und standen, aber in keinem Zug war sie. Ganz niedergeschlagen und verstört gingen wir wieder nach Hause. Kaum hatten wir unsere kleine Wohnung betreten und erzählten, daß niemand gekommen sei, klopfte es wieder. Mama meldete sich und sagte: "Käthe und F. kommen morgen um sieben Uhr bestimmt an."

Der nächste Tag war ein Sonntag. Genau um sieben Uhr früh läutete unsere Klingel. Käthe und Fräulein Martel standen vor der Tür. Sie hatten in der Nacht nicht mehr weiter gekonnt. Ein mitleidiger Bahnbeamter hatte sie in einem Wärterhäuschen übernachten lassen.

Natürlich haben wir die ganze Zeit viel gebetet, und Mama hat von Gott die Erlaubnis bekommen zu helfen. So ist diese Reise geglückt und meine Schwester gerettet worden. Als wir ihr von all den Dingen erzählten, war sie sehr skeptisch; denn sie war ja noch viel weniger aufgeschlossen für solche Begebenheiten als ich, da es in ihrer Umgebung fast keine Katholiken gegeben hatte, wenigstens nicht in ihrem näheren Bekanntenkreis. Aber sie mußte doch auch hinnehmen, was geschah, und hat manchesmal durch ihr schnelles Stenographieren die Botschaften mit aufgenommen, die Grete übermittelte.

Das war die wunderbare Rettung meiner Schwester durch die tätige Mithilfe meiner verstorbenen Mutter, die sich mit uns Verbindung setzte, als lebte sie noch immer unter uns. Aber sie war noch weiterhin bei uns. Wir beteten auch noch viel für sie, und ich muß einfügen, daß wir unseren abendlichen Rosenkranz immer weiter beteten und viele Gebete für die anderen Armen

Seelen verrichteten, die sich außer meiner Mutter bei uns meldeten.

## Grete wird wunderbar gerettet

Dann kam Mittwoch, der 27. Februar. Nachmittags klopfte es wieder, genau um 5.10 Uhr. Meine Mutter meldete sich und sagte: "Hier ist Anna E., euch steht eine große Gefahr bevor, betet!" Natürlich beteten wir sofort. Wir glaubten, daß wir überfallen und verschleppt werden sollten, aber es war etwas anderes.

Der alte Großvater Wieland, der Vater von Frau Brand und Grete, lag schon ziemlich lange krank. Grete ging am 28. Februar früh um halb acht in die Apotheke, um Medizin zu holen. Wir warteten und warteten. Sie kam nicht zurück. Nun ging Grete ja auch früh immer in die Kirche, und da sie nie einem kleinen Besuch abgeneigt war und sich damals niemand auf der Straße auf deutsch unterhalten durfte, war es möglich, daß Grete mit einer Bekannten hinaufgegangen war. Jedenfalls kam sie nicht nach Hause. Frau Brand war sehr aufgeregt, aber mehr zornig, daß Grete wieder mal alles vergesse. Gegen Mittag ging ich in die Stadt und traf in der Nähe der von auswärts kommenden Vorortbahn Grete, die mir entgegenkam. "Wo bleibst du bloß, Grete?" fragte ich sie, "deine Schwester ist schon ganz aufgeregt. Seit halb acht bist du weg. Aber wie siehst du denn aus? Du bist ja ganz weiß." Und da erzählte sie mir ihr Erlebnis.

Sie war in der Frühe zunächst beim Bäcker gewesen, um dort ein Brot zu holen. Hernach wollte sie in die Apotheke gehen. Schon beim Bäcker merkte sie, daß draußen ein Milizmann auf sie wartete. Aber sie konnte nicht beim Bäcker bleiben, zumal das auch ein Pole war. Als sie herauskam, folgte ihr der Milizmann, und als sie einen freien Platz überquerte, keine zwei Minuten von unserer Wohnung entfernt, kam er an sie heran, riß sie am Ärmel und sagte: "Hocz", d.h. Komm!

Sie wehrte sich und sagte, daß sie doch richtige Papiere habe, aber er ließ sie nicht los, stieß sie vor sich her und dann zwei Straßen weit bis zur Milizstation. Dort stand ein großer Lastwagen im Hof, und Grete wurde hinaufgehoben. Mantel und Schuhe wurden ihr ausgezogen, damit sie nicht fliehen konnte. Der Fahrer und der Milizsoldat stiegen hinauf, und hinaus ging es. Grete weinte und jammerte natürlich, aber die beiden lachten nur, nahmen ihr das Geld für die Arznei ab und sagten: "Dort, wohin du jetzt kommst, brauchst du kein Geld mehr." Als der Wagen hinter den letzten Häusern der Stadt über einsameres Gelände fuhr, versuchten sie, sie zu vergewaltigen, aber sie wehrte sich entsetzlich und wollte vom Wagen springen. Sie schrie so furchtbar, daß die Unholde von ihr ließen. Aber sie riefen ihr lachend zu: "Weißt du, wohin du kommst? Zum Mädchenhandel! Du bist gerade gut dazu." (Grete verstand etwas Polnisch, wenn sie es auch kaum sprechen konnte.)

Nun flehte Grete in ihrer Angst zu den Armen Seelen um Hilfe. Der Wagen jagte durch Gleiwitz. Als er die Stadt hinter sich hatte und nur noch ein paar Siedlungshäuser am Wege standen, bekam der Motor auf einmal eine Panne. Er lief zwar noch mit großem Getöse, der Wagen bewegte sich aber nicht von der Stelle. Die beiden Polen sprangen ab und steckten die Köpfe unter die Motorhaube. In diesem Moment griff Grete nach ihrem Mantel und den Schuhen, ließ sich hinten am Wagen hinunter und rannte in eines der Häuschen, die da standen. Sie ging aber nicht zu den Leuten, sondern verbarg sich in einem Keller und saß dort, aufgelöst vor Angst mit klopfendem Herzen, wohl gegen zwei Stunden.

Dann erst traute sie sich heraus, rannte nach Gleiwitz zurück und ging gleich in die erste Kirche, an der sie vorbeikam, um Gott für ihre Rettung zu danken. Und weil es Gott so fügte, hatte dort die letzte Hl. Messe ein Priester, der früher in unserer Stadt war und Grete sehr gut kannte. Zu diesem ging sie nach der Messe in die Sakristei, denn sie hatte keinen Pfennig Geld mehr, und erzählte ihm alles. Der Priester nahm sie mit hinauf zum Frühstück, war sehr ernst und sagte: "Du kannst Gott nicht genug für deine Rettung danken, denn es vergeht keine Woche, daß hier nicht Mädchen und Frauen verschwinden oder wir irgendwo ihre Leichen finden. Der Mädchenhandel ist ein einträgliches Geschäft. Und wer fragt nach einer Deutschen?" Dann gab er ihr das Geld zur Rückfahrt, und wir hatten dank der Hilfe Gottes und meiner Mutter unsere Grete wieder.

Man sieht hieraus, wie dankbar die Toten auch für das kleinste Gebet sind. Leider brauchen die heutigen Menschen ihre Hilfe nicht. Sie beherrschen mit ihrer

Weisheit und ihrer Erfindungsgabe den Weltraum und die Erde besser als die Toten und sind nur sehr erstaunt, wenn sie oft an ihrer Selbstherrlichkeit zugrunde gehen.

## Ein böser Geist

Am Mittwoch, den 10. April 1946, hatten wir ein sehr aufregendes Erlebnis, das uns von der Wirklichkeit der bösen Geister überzeugte. Es war 2.30 Uhr nachmittags; da ich zufällig daheim war, lag ich in meinem Zimmer auf dem Sofa und las. Die Tür zum Korridor war geschlossen, Grete saß in der Küche, sonst war niemand zu Hause. Ohne daß ich es wußte, ging Grete ins Badezimmer. Plötzlich rüttelte es in fürchterlicher Weise an der Klinke meiner Stubentüre, wie wenn jemand mit gewaltiger Kraft immer wieder daraufschlägt. Voll Entsetzen sprang ich vom Sofa auf, war sofort an der Tür, ergriff die Klinke, so sehr mir auch davor grauste, riß die Tür auf und sah Grete ganz verstört in dem offenen Badezimmer ganz hinten am Fenster stehen, von meiner Tür aus ungefähr vier Meter entfernt.

"Grete," rief ich entsetzt, "was ist hier los? Das halte ich nicht mehr aus!" Wirklich, uns beiden standen damals fast die Haare zu Berge, so sehr hatte uns das Klopfen aufgeregt. Grete kam zu mir ins Zimmer, und ich schloß die Tür hinter ihr. Wir standen im Eingang des Zimmers, dicht neben dem großen Kleiderschrank. Auf einmal wurde im Kleiderschrank mit furchtbarer

Gewalt an die Innentür geschlagen, wie wenn jemand mit einem Fleischklopfer dagegen schlägt. Wir waren dadurch so verängstigt, daß wir uns nicht von der Stelle wagten, denn dieses Klopfen war so fürchterlich, wie wir es noch nie gehört hatten, nicht zu vergleichen mit dem anderen Klopfen der Geister, obwohl das auch aufregend war.

Grete stand ganz blaß und zitternd da, mir ging es auch nicht anders. In mir stieg jedoch zugleich ein großer Zorn auf, der meine Angst zwar nicht minderte, mich aber zur Verteidigung aufrief. "Grete", sagte ich, "rufe die Mama und frage, was hier los ist. Das halte ich nicht mehr aus."Und Grete gehorchte zitternd, klopfte an die Tür und fragte: "Mama, bist du da?"

Sofort kam die Antwort: "Hier ist Anna E."

Jetzt fragte Grete. (Ich gebe die Frage hier ganz genau wieder, damit jeder daraus ersehen kann, wie harmlos Grete diese Frage formulierte.) "Wer ist das, der uns hier so klopft?"

Die Antwort von Mama lautete: "Das ist ein böser Geist, der dich verfolgt. Der kann das alles nicht leiden."

Von da an blieb es still. Es war natürlich keine erfreuliche Nachricht zu wissen, daß ein böser Geist hier in meinem Zimmer gewesen war und Gegenstände berührt hatte, die auch ich wieder berühren mußte. Auch war es wenig angenehm, die Wirklichkeit böser Geister bestätigt zu bekommen, und obwohl ich schon ganz andere Ansichten über diese Dinge hatte, so hatte mir der selbsterlebte Beweis bisher gefehlt. Auch war das Erscheinen des bösen Geistes der beste Beweis, daß Gott hinter unseren Erlebnissen stand. Der Teufel war nichts als der Handlanger Gottes gewesen.

# Erlöst

Am 16. Mai 1946 kam Mama zum letzten Male. Es war um 10.10 Uhr abends. Ich kam aus meinem Zimmer, um mir noch etwas aus der Küche zu holen. Herr Brand und Grete schliefen schon, ebenso meine Schwester in meinem Zimmer. Nur Frau Brand saß in der Küche und war schon halb eingedöst. Da hörten wir auf einmal im Schlafzimmer einen Knall, als ob ein Schuß abgefeuert worden wäre. Ganz erschrocken stürzten wir hinein. Ein silberner Leuchter war gegen die Tür geworfen und das große Herz-Jesu-Bild von der Wand über den Betten genommen worden. Es stand an den Schrank gelehnt. Natürlich waren Grete und Herr Brand von dem Knall aufgewacht. Grete fragte, und es kam die Antwort: "Ich bin schon erlöst. Anna E."

Ich ging zum Herz-Jesu-Bild und sah es mir genau an. Da es sehr hoch hing und sehr groß war, konnte es nicht jeden Tag oben abgestaubt werden. Das geschah nur sonnabends. Da sah man auf der dünnen Staubschicht ganz deutlich auf jeder Seite neben der oberen Öse vier feine, staubfreie kleine Stellen, als ob jemand das Bild dort mit der Innenfläche seiner Finger angefaßt hätte. Da fielen wir nieder und dankten Gott für die Erlösung meiner Mutter, die nur vier Monate in der Zwischenwelt zu leben brauchte und dann schon zur Anschauung Gottes gelangte.

Das ist es, was ich über die Erlebnisse mit meiner Mutter nach ihrem Tode berichten kann. Ich möchte noch einmal hervorheben, daß sie eine strenge Protestantin war und sich dennoch nach ihrem Tode sehr nach einer Hl. Messe sehnte und daß es uns vergönnt war, ihr durch unsere Gebete zu Hilfe zu kommen. Mit dem Tode endet ja für jeden Menschen die Gnadenzeit, und er kann nichts mehr für sein Seelenheil tun und ist von da an auf unsere Hilfe angewiesen. Aber damit sieht es oft sehr schlecht aus. Wie prächtig und kostbar ist mancher Marmorstein auf den Gräbern und wie wenig nützt er dem Toten, wenn seine Angehörigen ihn vergessen haben und ihm keine Gebete mehr widmen.

Immer, wenn ich mir das Geschriebene wieder einmal durchlese, muß ich denken, daß uns viele wohl für verrückt halten werden. Tote kommen und gehen, sprechen mit uns und greifen in unser Leben ein – wer soll das glauben! Aber wir waren nicht verrückt, wir waren nicht einmal phantasiebegabt oder exaltiert und auf keinen Fall nervenkrank, denn sonst hätten wir die Zeit nicht überstanden, an deren Aufregungen sehr viele zugrunde gegangen sind. Wir waren sehr nüchtern und empfingen alles mit klaren Sinnen und waren zudem sehr kritisch. Die krasse und sehr rauhe Wirklichkeit unserer Umgebung zwang uns zu nüchternem Denken und Handeln. Und doch mußten wir diese Dinge nehmen als das, was sie waren: überirdische Geschehnisse, die durch nichts erklärt werden konnten und nur durch Gottes Willen geschahen.

## Ein Selbstmörder bittet ums Gebet

Nicht allen Toten war es erlaubt, sich so oft mit uns in Verbindung zu setzen wie meine Mutter. Meistens kamen sie nur ein- oder zweimal, und nur ganz wenige sind öfter gekommen. Von diesen will ich berichten. Da war der erwähnte Polizeioffizier M., der zu Lebzeiten drei Häuser entfernt gewohnt hatte und im Jahr 1932 Selbstmord verübte. Er kam mit noch zwölf anderen Toten am 6. Januar 1946 ungefähr um 10.10 Uhr abends zu uns, warf auch mit einem Gegenstand und antwortete auf Gretes Frage: "Ich bin der Mann von der M., meine Frau betet gar nicht für mich." – Frau M. wohnte noch in derselben Wohnung und war uns bekannt. Sie hatte aber vor, wieder zu heiraten.

Am 8. Mai durfte er noch einmal kommen, und zwar meldete er sich damals an, indem er ein großes Wäschepaket, das in einem Korb im Schlafzimmer gelegen hatte, durch die Stube auf das Bett warf. Da er nicht sofort gefragt wurde, warf er noch zwei Hausschuhe gegen das Fenster. Nun fragte Grete und erhielt die Antwort: "Ich kann keine Ruhe finden."

Grete fragte weiter: "Wer bist du? Sag's uns doch, nenn doch deinen Namen!"

Darauf kam die Antwort: "Ich kann keine Ruhe finden, weil ich Selbstmord begangen habe. Hermann M." (Es folgte der ganze Name.)

Hoffentlich haben auch ihm unsere Gebete geholfen.

# Deine Schwester Magdalena

Nun möchte ich von meiner im Jahre 1928 verstorbenen jüngeren Schwester berichten, die wohl gläubig war, aber nicht an die Wandlung bei der Hl. Messe (für sie als Protestantin: beim Abendmahl) glauben konnte. Sie kam am 15. Januar 1946, um 9.30 Uhr abends, das erste Mal zu uns und meldete sich an, indem sie ein schweres Buch in meinem Zimmer vom Fenster zur Tür warf. Ich rief Grete herein, und sie fragte. Da kam die Antwort: "Eine Hl. Messe, eine Hl. Messe! Deine Schwester Magdalena."

Ich war sehr erschüttert, denn ich hatte sie schon lange bei den Erlösten erhofft. Nun war sie hier und bat um eine Hl. Messe, die sie zu Lebzeiten nicht kennengelernt hatte und nach der sie auch nie Verlangen trug. Und da sie sich so dringend mit solchem Gepolter verständlich machen wollte, konnten wir daraus schließen, wie sehr sie sich nach der Erlösung sehnte. Selbstverständlich meldete ich eine Hl. Messe an, die aber nicht sofort gelesen werden konnte, da der deutsche Priester, der sie lesen sollte, schon alle Tage besetzt hatte.

Da kam am 27. Januar 1946, um 8.08 Uhr abends, meine Schwester noch einmal und meldete sich, indem sie die abgeschraubte Klinke warf, die in meinem Zimmer auf dem Tisch lag, und hernach noch an meiner Türklinke rüttelte. Grete fragte, und es kam die Antwort: "Friedel, hilf doch! Eine Hl. Messe! Deine Schwester Magdalena."

Es kann sich niemand vorstellen, was für ein schreckliches Gefühl es ist, einen lieben Menschen in einer solchen Not zu wissen und dazu in einer, deren Ausmaß wir ja gar nicht kennen. Wie innig wir alle für sie gebetet haben, wird man sich denken können. Am 12. Februar 1946 wurde endlich die Hl. Messe für sie gelesen. Wir waren alle in der Kirche und flehten Gott um ihre Erlösung an. Am Abend dieses Tages um 9.30 Uhr klopfte es ganz dumpf zweimal an das Fensterbrett meines Zimmers und gleich darauf flog wieder die Messingklinke durch den Raum. Ich rief Grete, damit sie frage. Sofort kam die Antwort: "Ich danke meiner lieben Schwester Elfriede für die Hl. Messe und bin schon erlöst."

Wir knieten nieder und dankten Gott, denn wie unendlich groß ist seine Liebe. Wo gibt es einen Menschen, der sie fassen könnte! Keine unserer Handlungen bleibt unbeachtet, obwohl von drüben nur ein tiefes Schweigen antwortet und es nicht allen so wie uns vergönnt ist, den Schleier lüften zu dürfen. Und doch müssen wir uns immer wieder sagen, daß auch nicht das kleinste Gebet verlorengeht, sondern alle Gott erreichen und weitergegeben werden.

Die erste Hl. Messe, die für meine Schwester gelesen wurde, hatte sie zur Anschauung Gottes gebracht. Da die Dankbarkeit der Toten viel größer ist, als wir denken, haben wir damit wieder einen großen Helfer gewonnen. Aber die Welt denkt leider anders: Gleichgültigkeit und eitler Dünkel auf ihre großen Geistesgaben und ihre fortschrittliche Aufgeklärtheit hindern die Menschen daran, Dinge zu erkennen, die in ihrer winzigen Welt nicht zu sehen sind.

Jeder von uns hat Tote, die ihm vorangegangen sind; jeder weiß genau, daß auch er einmal sterben und den gleichen Weg gehen muß, ganz gleich, welche Privatreligion er sich zurechtgezimmert haben mag. Aber wenn das Grab sich geschlossen hat, ist für die meisten Menschen auch der Tote erledigt. Dabei sollte dann erst recht unsere Hilfe beginnen, denn wer hat wohl seine Gnadenzeit so genutzt, daß er dann keine Hilfe mehr brauchte! Aber da stehen dann vielleicht die Toten an ihren Gräbern und sehen auf die vielen Blumen und Kränze hinab und kommen an unsere Türen und warten auf ein Gebet, das sie dem Herrgott bringen könnten, damit er sich ihrer erbarmt. Aber ihre Lieben auf Erden sind wieder von ihrem Alltag gefangengenommen.

Wohl ist das Leben rauh, und viele denken, die Toten seien drüben gut aufgehoben, und auch zum Kirchgang ist nicht immer Zeit da. Doch jeder hat am Tag einen Weg oder eine Arbeit, wo er allein ist, und wenn er nur ein Vaterunser hinaufschickt oder nur ein ganz kurzes Flehen zu Gott für die Toten, wieviel schenkt er ihm dadurch. Und könnte man nicht auch einmal an die vielen Toten denken, die niemand mehr hier auf Erden haben und ganz verlassen sind. Sitzt ein Bettler am Straßenrand, so wird man auch nicht vorbeigehen, ohne ihm eine kleine Gabe zu reichen. So ein Gebet kostet nicht einmal etwas, nur eine Minute der Zeit, von der man oft viele Stunden vergeudet. Wieviel besser würde es uns allen schon hier gehen, wenn wir mehr Hilfe von oben hätten, die uns viel mehr nützen könnte als jede irdische Hilfe, die nicht über Erde und Himmel gebieten kann. Doch in der heutigen aufgeklärten Welt spricht man über solche Dinge nicht, wenn man sich nicht lächerlich machen will.

Die Klugen, die keinem Dachziegel gebieten können, daß er nicht auf ihren kostbaren Kopf falle, brauchen solche Hilfe nicht, und doch sollte jeder bedenken, daß auch für ihn die Stunde kommt, wo er Gebete braucht. Wenn dann niemand da ist, der ihm welche reicht, wird eben seine Leidenszeit drüben länger währen, und wer weiß, wie groß die Qualen sind. Also schon aus Eigennutz sollte man den Toten helfen und immer bedenken, daß nichts verloren geht. Und wie das Böse sich immer weiter zu noch Böserem entwickelt, so entwickelt sich auch das Gute weiter zu noch Besserem. Gott gibt immer in Fülle; darum wären wir immer die größten Nutznießer unserer Gebete.

Noch einmal ist meine Schwester gekommen, und zwar als allerletzte Tote, die sich bei uns melden durfte. Am 31. August 1946 ließ ich für meine beiden verstorbenen Schwestern Gertrud und Magdalena eine Hl. Messe lesen, und zwar aus Anlaß des Geburtstags von Gertrud, der am 29. August war. (Sie war allerdings schon 1913 gestorben.) Am Abend des 31. August, um 10.42 Uhr, klopfte es an die Küchentür. Auf Gretes Befragen meldete sich: "Hier ist Gertrud E. Ich danke herzlich für die Hl. Messe."

Um 10.46 klopfte es an meinen Tisch. Auf Befragen hieß es: "Hier ist Magdalena E. Ich danke herzlich für die Hl. Messe."

Die beiden gehörten zu den letzten Toten, die sich bei uns melden durften. Von da an war Ruhe. Gott hatte unsere Gebete erhört und die Erscheinungen wieder von uns genommen.

Übrigens hatten sich die Toten, die vom Himmel zu uns kommen durften, stets so leise gemeldet, daß man niemals dabei erschrak, aber doch so, daß man ihre Meldung nicht überhören konnte. Es war nie das drängende Klopfen und Werfen der noch Unerlösten, das unsere Angst immer von Neuem hervorrief.

## "Ich habe noch viel zu leiden"

Von einigen Toten will ich doch noch berichten: In unserem Hause lebte damals vor vier Jahren ein Studienrat, der sich leider von der Religionslosigkeit der Hitlerzeit überzeugen ließ und sich vor seiner Klasse mancher Entgleisung schuldig machte. So hatte er zum Beispiel behauptet, Jesus sei nur ein Judenjunge gewesen. Er starb aber versöhnt mit Gott; ein Priester stand an seinem Sterbebett.

Am 30. Dezember 1945 war er mit dreizehn anderen Toten bei uns. Es war nach Mitternacht, ungefähr um ein Uhr früh. Er warf mit einem Gegenstand und sagte auf Befragen: "Paul P., ich habe noch viel zu leiden."

Am 14. Januar um 8.30 Uhr abends stand ich gerade mit Frau Brand an der Küchentür und wollte noch irgend etwas sagen, bevor ich in mein Zimmer ging. Da flog eine Kartoffel zwischen unsere Füße. Nun wurden

Kartoffeln schon öfters geworfen, wenn sich Tote bei uns melden wollten. Die Kartoffeln standen nämlich im Badezimmer und gehörten meiner Schwester, die ihren kleinen Vorrat nicht im Keller aufheben wollte. Die Tür zum Badezimmer war geschlossen. Ich sagte nun zu Frau Brand: "Passen Sie bitte genau auf, es fliegen immer zwei Kartoffeln, und zwar aus dem Badezimmer. Entweder hat der Tote die Kartoffeln in der Hand, da man nicht annehmen kann, daß er noch Kleider mit Taschen besitzt, oder aber er wirft die Kartoffeln aus dem Badezimmer und dazu müßte er eigentlich erst die Tür öffnen. Jedenfalls sehen Sie bitte genau auf die Badezimmertür."

Es war eine weiße Tür mit drei Füllungen. Ich hatte noch nicht ausgesprochen, als eine Kartoffel genau aus der weißen Mittelfüllung der Tür flog und vor uns in den Korridor rollte. Die Tür blieb weiter geschlossen und zeigte nicht die geringste Spur eines Loches. Ich ging sofort hin und untersuchte sie genau und sagte dann zu unserer Beruhigung: "Sie haben also drüben schon die Atomspaltung gefunden, und zwar besser als unsere Gelehrten."

Grete fragte daraufhin, und es meldete sich nur: "Paul P." Das war wieder der Studienrat. Als wir die Tür zum Badezimmer öffneten, sahen wir, daß die schmutzige Wäsche, die dort in einem Korb stand, herausgenommen und im Badezimmer im Gang verteilt war. Alles also sehr auffällige Dinge. Übrigens hat meine Schwester diese Kartoffeln nicht mehr essen wollen, was wir auch ganz in Ordnung fanden, denn immerhin müssen sie berührt worden sein.

Am 8. Mai 1946 durfte er noch einmal kommen. Abends um 10.45 Uhr flog ein großer Gummiring, der von der Krankheit des Großvaters her noch im Zimmer lag, durch den Raum. Auf Befragen meldete sich: "Hier ist Paul P., opfert doch ein paar Heilige Kommunionen für mich auf." Selbstverständlich geschah alles, worum die Toten baten. Gebetet wurde immer für sie. Möge es ihnen geholfen haben!

Jetzt möchte ich einen Toten schildern, der mehrmals bei uns war und sich auch einmal sichtbar zeigen durfte. Er wohnte bei Lebzeiten im Nachbarhaus im Parterre und war bei uns nur unter dem Namen "der alte Förster" bekannt, den er sich selber gegeben hatte. Seine Frau, d.h. seine Witwe – denn er starb vor ihr – ist in dieser Parterrewohnung gestorben, noch ehe die Russen in die Stadt kamen. Ich bin nach ihrem Tode einmal drüben gewesen, da nun diese Wohnung ja leer stand und Bekannte von mir, die aus ihrer Wohnung vertrieben worden waren, eine Unterkunft suchten. Aber niemand hätte da wohnen mögen. Es war so häßlich, finster und schmutzig, mit uralten häßlichen Möbeln und mit einem durch Jahrzehnte angesammelten Kram nutzloser Dinge, die überall herumlagen. Zwar waren schon viele Plünderer durch die Wohnung gegangen, hatten aber wohl nichts gefunden. Es lag und hing noch alles herum, weil es eben so wertlos war und es überall viel bessere Sachen gab. Die Wohnung war selber so mürrisch und finster, wie sein Bewohner gewesen sein soll, der sich mit niemandem vertrug und überall als Menschenfeind verschrieen war, dem alles aus dem Weg ging, da er nur Zank und Streit suchte.

Nun war dieser "Förster", der nicht wirklich so hieß, gleich bei den ersten dreizehn Toten, die sich am 30. Dezember 1945 bei uns meldeten. Er kam so ungefähr gegen ein Uhr nachts, warf den silbernen Leuchter und sagte auf Befragen: "Der alte Förster, euer Nachbar. Ich bin auf ewig verloren." Wir stutzten bei dieser Antwort. Freilich erinnerten sich Brands sofort an ihn, aber wenn er für ewig verloren war, konnte er sich nicht hier melden. Er mußte also so tief in der Verlassenheit stecken daß er sich für ewig verloren vorkam. In Wirklichkeit aber hatte ihn Gott schon begnadigt. Dieser "alte Förster" war immer sehr drängend und ist viel in unserer kleinen Wohnung umgegangen, die wir ja sowieso nicht mehr allein bewohnten. Wie froh mag er gewesen sein, als Gott ihm erlaubte, uns um Gebete zu bitten, aus seiner tiefen, tiefen Verlassenheit heraus, die ihm sogar seine Begnadigung verhüllte.

Am 6. Januar 1946, als bei uns abends wieder mit allen Gegenständen geworfen wurde und sich dreizehn Arme Seelen meldeten, war er als die neunte auch dabei und sagte auf Befragen: "Helft mir doch, helft mir doch! Der alte Förster."

Als siebente Seele war damals ein Hausgenosse des alten Försters dabei, der einen Stock über ihm gewohnt hatte und am 26. Januar 1945, also einen Tag vor dem Einmarsch der Russen, auf einer Straße ganz in der Nähe seiner Wohnung bei der Beschießung der Stadt durch einen Granatsplitter sofort getötet wurde. Er meldete sich bei uns mit den Worten: "Helft mir doch aus meiner Pein, ich bin der Nachbar K." (Es folgte der volle Name.) Dieser K. war evangelischer Konfession, ging aber niemals in eine Kirche und hielt nichts von Religion. Er hatte seine Privatanschauung über irdische und göttliche Dinge, die dann nach dem Tode elend versagte. – Wir haben für ihn gebetet, aber er durfte nur einmal kommen.

Am 11. Januar 1946, um 8.35 Uhr abends, flog ein Spazierstock, der in der Diele stand, mit lautem Gepolter ins Schlafzimmer. Es meldete sich auf Befragen: "Ich bin der alte Förster, helft mir doch, ich bin für ewig verloren." Er wußte also noch immer nicht, daß er schon gerettet war. Wahrscheinlich gehörte die Verborgenheit dieser Gnade auch zu seiner Strafe.

Am 14. Januar 1946, um 6.30 Uhr abends, stand auf einmal ein Eimer aus dem Badezimmer mitten im Gang. Herr Brand kam gerade nach Hause und rief gleich: "Grete, hast du den Eimer hierhergestellt, damit jeder darüberfallen kann?" Grete verwahrte sich dagegen. Da es also nur wieder eine Arme Seele sein konnte, fragte sie, und es meldete sich der alte Förster. Er hat wirklich unser Leben eine lange Zeit begleitet. Da man es schon merkte, wenn jemand unsichtbar zugegen war, so war es für uns nicht gerade angenehm, Augen auf uns gerichtet zu wissen, die man nicht sehen konnte.

Am gleichen Abend, also auch am 14. Januar, um 9.30 Uhr, als Grete schon im Bett lag, sah sie auf einmal, wie eine Männerhand auf den großen Wäscheschrank griff, auf dem leere Einmachgläser standen. Vorsichtig ergriff diese Hand zwei leere Gläser und setzte sie mitten auf den Stubenläufer, genau unter den Kronleuchter nieder. Grete fragte. Da stand in der Ecke beim Fenster, dem Bett gegenüber, doch durch die

Breite des Zimmers, also ungefähr viereinhalb Meter entfernt, nur für Grete sichtbar (obwohl wir alle ins Zimmer gekommen waren) die Gestalt des alten Försters, bekleidet mit Joppe und Mütze, wie er immer herumgegangen ist. Sprechen durfte er nicht. Grete schrie laut auf und zeigte auf die Stelle, doch wir sahen nichts. Ich selber hatte ihn zu Lebzeiten nicht gekannt, während die andern ihn alle kannten.

Am 28. Januar war er schon wieder da. Da ging Grete abends um 9.05 Uhr ins Schlafzimmer, um die Betten zu machen. Als sie ihr Bett aufdeckte, stand ein Weckglas darin, und als sie das andere aufdeckte, fand sie darin den Wecker. Während sie noch staunte und uns rief, flog auf einmal der große rote Gartenschirm, der im Winter in der Ecke des Zimmers stand, ein Schirm von fast zwei Metern Höhe, aufgespannt durch das ganze Zimmer auf das Bett von Herrn Brand. Nun fragte Grete und erhielt die Antwort: "Ich bin bald erlöst, aber brauche noch viele Gebete. Der alte Förster."

Wir haben viel für ihn gebetet, haben ihn zu jeder Hl. Kommunion mitgenommen und beim Aufheben des Kelches um einen Tropfen des heiligen Blutes für ihn gebeten. Und dann kam er wieder am 26. März, vormittags um 10.50 Uhr, trug wieder den großen Gartenschirm aufgespannt durchs Zimmer, er selbst für uns unsichtbar, und nahm ein kleines Bild von der Wand. Auf Befragen antwortete er: "Hier ist der alte Förster. Bekehrt bloß recht viele Seelen, denn wenn ihr wüßtet, was ich leiden muß, dann würdet ihr viel mehr für eure Seelen tun."

Am 27. Mai 1946, um 10.30 Uhr abends, kam er zum letzten Male, warf einen kleinen silbernen Leuchter aufs Kopfkissen, und auf Befragen kam die Antwort: "Ich bin schon erlöst." Grete fragte: "Ja, wer denn?" Die Antwort lautete: "Der alte Förster." Wie froh wir waren, kann man sich wohl denken.

Oft muß ich während des Schreibens die Hände sinken lassen und über alles nachdenken. Um mich her ist das Leben, wie wir es alle kennen. Der Tag wird von der Nacht abgelöst. Alles, was um uns geschieht, können wir in ein richtiges Verhältnis zu unserem Denken bringen. Tod, ja gewiß, der Tod muß sein, aber er ist weit. Über diese Grenze hinweg denken wir nicht. Alle, die sich bei uns meldeten, haben ebenso gedacht. Und nun sind sie dennoch dorthin gekommen, wovon sie bei Lebzeiten nichts wissen wollten.

Ich denke an alle aus meiner Familie und aus meinem Freundeskreis, die vorausgegangen sind, stehe wieder im Geiste in ihrem Heim und sehe und höre sie. Wir hatten zusammen gelacht und gescherzt und viel Schönes, aber auch viel Schweres erlebt. Dann kam auf einmal die Kunde, daß sie gegangen sind. Kein Brief kam mehr, keine Zeile, kein Gruß; sie waren fort. Was sie besessen und geliebt hatten, war zerstreut worden, nur ein Grab blieb auf irgendeinem Friedhof. Dieses Grab barg ihre irdischen Reste, die sich wieder zu Erde auflösten. Ihre Seelen aber waren weitergegangen, unaufhörlich weiter, bis sie ihr eigentliches Ziel erreichten. Manche von ihnen waren im Leben so profan gewesen und nie eines höheren Gedankens fähig. Auf einmal standen auch sie mit einem großen Ernst vor unserem göttlichen Richter, für den sie hier auf Erden nie Zeit gehabt hatten.

Ich denke auch an die große Zahl derer, die sich beim Einzug der Russen das Leben genommen haben, aus Furcht und Angst und auch, weil sie nicht mehr die Kraft aufbrachten, ein noch schlimmeres Leben zu ertragen. Sie wollten ihre Ruhe haben. Ich weiß nach meinen Erlebnissen nicht mehr, wieso in einem Menschen der Glaube an eine Ruhe nach einem Selbstmord so fest sein kann, daß so viele diesen Weg wählen. Irgendetwas muß da in ihrer Religion nicht stimmen, denn das müßten doch alle zuerst wissen, daß es nach christlicher Religion ein Weiterleben nach dem Tode gibt und daß wir das Leben, das uns Gott gegeben hat, nicht wegwerfen dürfen. Wir beleidigen dadurch Gott, da ja das Leben sein Geschenk ist, womit er uns zu seiner Anschauung bestimmt hat. Wie kann es ihm gefallen, wenn wir es als wertlos wegwerfen und dann auch noch auf seine Gnade hoffen?

# Ein Schwerverwundeter meldet sich

Nun noch etwas von den anderen Seelen, die zu uns gekommen sind: Es waren meist Verwandte und Bekannte, aber oft auch Nachbarn, die in demselben Haus gewohnt hatten. Oft kamen aber auch völlig Fremde und baten um ein Gebet. Manche baten uns auch, ihren Angehörigen etwas auszurichten, aber auch dabei handelte es sich fast immer um Gebete. Damals starben sehr viele Deutsche in den polnischen Lagern. Die sind sehr bald erlöst worden. Am 6. Januar 1946 war unter den dreizehn Armen Seelen, die sich bei uns meldeten, auch eine Seele, die sagte: "Sagt meinen Angehörigen, ich bin doch im Lager umgekommen, aber ich bin bald erlöst. Der W. aus Illau."

Die elfte Arme Seele, die sich am 6. Januar bei uns meldete, sagte auch: "Sagt meinen Eltern, sie sollen für mich beten. Ich bin der Reiner O., der im Lager gestorben ist."

Der alte Großvater Wieland, der Vater von Frau Brand und Grete, starb schon im März. Sein Tod wurde uns mehrfach angekündigt. Seltsamerweise hat er sich niemals als Arme Seele gemeldet, wohl weil er es nicht durfte und weil er auch wußte, wie ungern wir es hatten. Auch durfte Grete keineswegs immer fragen. Wenn es irgendwie zu umgehen war und wir hofften, auch ohne Fragen bald wieder Ruhe zu bekommen, sagten wir: "Warte noch, vielleicht wird auch so bald Ruhe." Viele Arme Seelen durften auch nicht einmal sagen, wer sie sind. Die haben wir einfach so in unser Gebet eingeschlossen.

Am 6. März 1946, mittags um 12.15 Uhr, flog wieder einmal der Regenschirm aufgespannt aufs Bett. Auf Befragen: "Eine Hl. Messe für einen Schwerverwundeten." Da war also ein noch Lebender, der sich bei uns meldete, ohne daß wir je erfuhren, wer es war.

Am 7. März, also tags darauf, um 9.25 Uhr abends, flog das Rolltuch aus dem Wäschekorb im Schlafzimmer durch das Zimmer und blieb an den Schalen des Kronleuchters hängen, auf denen es hin- und herschaukelte. Auf Befragen: "Eine Hl. Messe für einen im Lager Gestorbenen."

Grete fragte: "Ja, für wen denn?"

Antwort: "Der gestern schwer verwundet ist, ist heute im Lager gestorben."

So hat sich also ein Schwerverwundeter in seiner Todesstunde nach einer Hl. Messe gesehnt. Gott hat ihm die Erlaubnis gegeben, sich um eine Hl. Messe zu bemühen, und hat seinem Geist den Weg gezeigt.

## Ruhe, nur Ruhe!

Der große Gartenschirm hat bei uns eine wenig erfreuliche Rolle gespielt, und einmal, als Grete ins Schlafzimmer gegangen war, hörten wir kaum eine Minute darauf einen unterdrückten Schrei. Als wir hineinstürzten, lag sie auf dem Boden vor den Betten, also auf dem Läufer, dicht neben der Tür, und auf sie waren alle Federbetten aus beiden Betten aufgetürmt, dazu noch alle Decken, und darüber stand, wieder aufgespannt, der rote Gartenschirm. Das war alles in kaum einer Minute geschehen. Der Schrei, den Grete ausstieß, war kaum zu hören, da sie schon mit den Betten zugedeckt war. Da war sicher kein guter Geist am Werk gewesen. Der Gartenschirm wurde dann von Herrn

Brand mit furchtbarer Wucht in die Ecke geschleudert und mußte gleich am nächsten Tag auf dem Wolne-Handel (einem freien Markt, auf dem die Deutschen ihre Habseligkeiten feilboten) verkauft werden. Wir waren froh, daß er endlich aus der Wohnung kam.

Einmal, als Grete bei mir auf dem Sofa schlief, da es zuvor im Schlafzimmer wieder so getobt hatte, daß Herr Brand überhaupt keine Ruhe fand und doch am Morgen früh zum Dienst heraus mußte, ging es bei mir los. Hüte und Kleider flogen durcheinander. Als es endlich still wurde und wir das Licht gelöscht hatten, wurde mir das Deckbett weggezogen. Das war mir so furchtbar, daß ich jahrelang diesen Eindruck nicht losgeworden bin. Ich richtete mich damals auch sofort auf und fragte: "Grete, warst du das?" Aber Grete verneinte, schon aus dem Schlaf heraus. Außerdem war sie nie geneigt, die Situation durch eigenes Zutun zu erschweren.

An diesem Abend hatten wir Grete nicht erlaubt zu fragen. Es war schon weit nach Mitternacht. Wir alle waren sehr müde, bis auf mich, die durch das Grauen wieder hellwach wurde. Über das Wegziehen meines Bettes war ich so ungehalten, daß ich gar nicht wissen wollte, wer es gewesen war. Nachher habe ich das immer wieder bedauert und bedaure es heute noch. Denn wenn jemand um unsere Hilfe fleht, muß man ihn erhören oder bekommt dann selber keine Ruhe mehr. Heute sehe ich zu meiner Entschuldigung daraus, wie schwer damals die Zeiten für uns waren, daß wir als Christen Hilfe ablehnten, nur um Ruhe zu haben. Es bestätigt darüber hinaus, wie wenig uns an all diesen Vorgängen lag.

Am 25. März 1946, um 4.10 Uhr nachmittags, klopfte es dreimal an die Küchentür. Auf Befragen meldete sich die verstorbene Mutter von Frau Brand und Grete, die aber schon lange erlöst und am 30. Dezember 1945 unter den ersten Armen Seelen als elfte bei uns war, und sagte: "Ich bin die Mama und segne dich alle Tage vom Himmel." Diese also meldete sich jetzt wieder bei uns und sagte: "Bestellt mir meine Messe, ich brauche sie nicht für mich, für andere, auch für den Vater." (Ihr Todestag war am 12. April, und es wurde an diesem Tag immer eine Hl. Messe für sie gelesen.) Man sieht hieraus, daß Gott den schon Erlösten erlaubt, die für sie gestifteten Messen weiterzugeben.

## Der versprengte Soldat aus Täfertingen bei Augsburg

Wie ich ferner aus meinen Aufzeichnungen ersehe, flogen öfters bei uns Kartoffeln durch geschlossene Türen, ohne irgendeine Spur zu hinterlassen. So am 8. Mai 1946 um 10.15 Uhr abends, aber auf unsere Frage kam keine Antwort. Um 10.25 Uhr flog wieder eine Kartoffel aus dem geschlossenen Badezimmer, und auf Befragen kam die Antwort: "Ich bin so verlassen. Ich habe eine Mutter, und die betet gar nicht für mich. Betet doch für mich." Ein Name wurde aber nicht genannt.

An diesem Abend war eine ganze Menge bekannter Seelen bei uns, aber auch unbekannte meldeten sich. So flog um 10.48 Uhr wieder der silberne Leuchter auf den Boden, und es meldete sich: "Ich bin der, der bei den Russen erschossen wurde."

Grete fragte: "Was willst du denn, was können wir für dich tun?"

Antwort: "Wenigstens zwei Hl. Messen beten."

Ein junger Bekannter der Familie Brand kam an diesem Abend um 10.40 Uhr und warf das Rolltuch durchs Zimmer. Auf Befragen antwortete er: "Rainer O."

Frage von Grete: "Was willst du, was sollen wir tun? Sag uns doch, wir wollen alles tun."

Antwort: "Bloß alle Tage das Rosenkranzgebet."

Übrigens fällt mir jetzt beim Niederschreiben ein, daß der, der sich bei uns am 8. Mai 1946, um 10.48 Uhr abends, durch das Werfen eines Leuchters meldete und sagte "Ich bin der, der bei den Russen erschossen wurde", bestimmt der Soldat aus Täfertingen bei Augsburg ist, dessen Tod ich gesehen habe. Fast genau unserem alleinstehenden Haus gegenüber war damals die russische Kommandantur. In dieser meldete sich ein versprengter deutscher Soldat in der Hoffnung, gefangengenommen zu werden. Aber der russische Kommandant ließ ihn kurzerhand in die Anlagen gegenüber führen und dort erschießen. Ich stand wie fast immer mit meinem Mädchen an einem Fenster. Wir beobachteten, von welcher Seite die Russen wieder ins Haus eindringen würden. Da hörten wir drei Schüsse und sahen drüben einen Mann niederstürzen. Ich schrie auf, denn ich hatte noch nie so etwas gesehen. Ich sah auch noch, wie sich der Schnee rot färbte und wie ihm die Russen sofort die

Stiefel auszogen. Er wurde dann von unserem Hausmeister begraben. Dabei konnten wir seine Personalien feststellen. Unser Pfarramt hat dann seine Angehörigen benachrichtigt.

Es ist viel für ihn gebetet und auch eine Hl. Messe gelesen worden. Wir haben sehr bedauert, daß er nicht bei uns Zuflucht gesucht hat, denn da unser Hausmeister es mit allen hielt, hat er immer auch deutschen Soldaten geholfen. Wir konnten manchen verstecken und seine Uniform in der Heizung verbrennen. – Die Erschießung des Soldaten aus Täfertingen erfolgte Ende Januar 1945, als ich noch in meiner eigenen Wohnung war.

## "... daß es etwas gibt nach dem Ableben"

Am 10. Mai um 9.50 Uhr abends flogen wieder vor unseren Augen zwei Kartoffeln durch die geschlossene Badezimmertür. Auf Befragen kam die Antwort: "Euch steht eine große Gefahr bevor; versucht euch zu verbergen." Wir beteten daraufhin für uns den Rosenkranz. Nun waren wir damals in ständiger Gefahr und sind durch die Armen Seelen sehr oft gewarnt worden. Immer ist dann die Gefahr auch an uns vorbeigegangen. Überhaupt hat in der Zeit, in der die Armen Seelen bei uns ein- und ausgingen, weder ein Russe noch ein Pole in übler Absicht unsere Wohnung betreten. So bekamen wir am 28. Mai 1946 um 9.20 Uhr abends durch ein ziemlich großes silbernes Kreuz, das auf dem Nachttisch stand und mitten auf die Dielen im Korridor gelegt wurde, die Warnung: "Eine schwere Krankheit wird euch befallen."

Wir baten: "Sagt uns doch und helft uns doch alles abwenden."

Antwort: "Wenn ihr viel betet, geht es vorbei."

Da die kleinen silbernen Leuchter durch das viele Werfen schon sehr gelitten hatten, verschloß sie Frau Brand in ihren Glasschrank, unterhalb der Frisierkommode. Das hinderte die Armen Seelen aber nicht, sich ihrer immer wieder zu bedienen, ohne daß sie die Glastüre aufgeschlossen hätten. Sie nahmen die Leuchter einfach aus dem verschlossenen Schränkchen, das immer zu und unbeschädigt blieb.

Einmal saß in unserer Küche die Frau des Milizsoldaten im zweiten Stock über uns, der, wie ich schon erwähnt habe, aus Posen stammte und in erster Ehe eine deutsche Frau gehabt hatte. Seine zweite Frau war ganz ungläubig und kam nur aus Neugierde zu uns, weil man das Gepolter oft bis oben hörte und viel über die Vorgänge bei uns geredet wurde. Auch diesmal sah sie sich sehr zweifelnd um. Wir hatten den Eindruck, daß sie lächelnd auf uns herabsah, da in ihrer aufgeklärten Heimat – sie war Polin – solche Dinge unmöglich waren. Aber das Lächeln verging ihr.

Beim Gehen wollte sie durchaus einen Blick ins Schlafzimmer werfen. Während sie nun mit Frau Brand und Grete in der Tür des Schlafzimmer stand, flog vor ihren Augen aus dem verschlossenen Glasschränkchen ein Leuchter zwischen ihre Füße. Sie wurde so weiß wie die Wand und konnte eine lange Zeit nicht sprechen. Ohne sich zu verabschieden, verließ sie uns fluchtartig.

Grete ging nach ihrem Weggang ins Schlafzimmer und fragte. Es kam die Antwort: "Hier war eine Seele, die überhaupt nicht betet, und der wollte ich beweisen, daß es etwas gibt nach dem Ableben."

## Grete in Borau

Ehe ich jetzt zu der letzten Armen Seele komme, die sich fortlaufend bei uns meldete, will ich noch von einer Reise berichten, die Grete im Juni 1946 machte, um ein paar Lebensmittel zu holen.

Brands haben in Borau Verwandte, die dort ein kleines Bauerngut bewirtschaften. Wohl gab es bei uns in der Stadt eine Menge polnischer Lebensmittelgeschäfte, aber leider hatten die Deutschen zu wenig Geld, um sich die Dinge kaufen zu können. So fuhr Grete mit einem Rucksack nach Borau und wollte nach drei Tagen wiederkommen. Sie kam aber schon den nächsten Abend wieder und erzählte.

Zuerst hatten sich alle sehr gefreut, sie wiederzusehen, denn es war das erste Mal nach dem Einzug der Russen. Gerade dort auf den Dörfern hatten die Russen viel schlimmer gehaust als in den Städten, wo die Kommandanten waren. So war auch in Borau eine Menge Menschen kurzerhand erschossen worden.

Als es Abend wurde und Grete auf ihrem zurechtgemachten Lager schlafen gehen wollte, fing es dort an, mit Gegenständen zu werfen. Grete, die natürlich sofort wußte, was es war, lag in ihrem Bett, hatte sich die Decke bis an die Augen gezogen und sagte kein Wort, da sie fürchtete, noch in der Nacht gehen zu müssen. Erschreckt kamen die andern aus ihren Schlafkammern und wußten nicht, was sie sagen sollten. Unterdessen tobte es immer mehr. Decken flogen umher, Töpfe wurden aus dem Küchenschrank genommen, Schuhe durch das Zimmer geworfen, wie sich eben Arme Seelen benehmen, wenn sie versuchen, sich bemerkbar zu machen. Die Frau zitterte am ganzen Leibe und betete unter Tränen. Die beiden Kinder waren aufgewacht und fingen an zu jammern. Nur der Mann blickte finster umher und wollte es nicht wahrhaben. Grete sagte kein Wort.

Die Frau, der es bald aufging, daß es sich hier um eine überirdische Sache handelte, beschuldigte ihren Mann, daß es seinetwegen geschehe, da er nicht immer in die Kirche gehe und auch so wenig bete. Aber der Mann wollte das nicht gelten lassen und sagte grob: "Ich bin doch niemand etwas schuldig geblieben und hab' auch niemand betrogen." Aber die Frau unterbrach ihr Gebet und sagte: "Ja, aber beten tust du auch nicht mehr, das weißt du wohl doch. Alles ist wegen dir, nur wegen dir."

Dem Mann paßte das nicht, und er wurde noch erzürnter. Als wieder Schuhe durchs Zimmer flogen, ergriff er sie wütend und schleuderte sie zurück. Sofort flogen sie wieder, und zwar direkt auf ihn. Das veranlaßte ihn dann doch mitzubeten, wenn er auch seine Angst dabei hinter einer finsteren Miene versteckte.

Grete schwieg. Als es nun gar nicht aufhören wollte, sagte der Mann: "Zieht euch an, ich bleibe hier nicht mehr; wir gehen zum Vater." Der Vater hatte am anderen Ende des Dorfes sein Anwesen. So zog die ganze Familie, notdürftig angezogen, voran der Vater, dann die Mutter mit den beiden Kindern und zuletzt Grete, um Mitternacht durch das schlafende Dorf und klopfte an die Tür des Vaters. Der kam nach langem Klopfen endlich in Unterhosen heraus. Als er seinen Sohn mitsamt der ganzen Familie sah, war er sehr erstaunt.

"Was wollt ihr denn hier, jetzt um Mitternacht?" fragte er.

Aber der Sohn, der sich schämte und deshalb sehr mürrisch war, sagte nur: "Wir können dort nicht bleiben, wir müssen hier schlafen."

Der Vater verstand natürlich nichts. Als die Frau ihn endlich aufklärte, sagte er: "Ihr seid wohl ganz verrückt, wegen solchen dummen Zeugs in der Nacht hierherzukommen."

Doch der Sohn ließ nichts gelten, drängte den Vater zur Seite und sagte: "Wir gehen nicht zurück, laß uns schon rein."

Da trat der Vater kopfschüttelnd zurück, und sie gingen alle hinein, ganz zuletzt Grete.

Kaum hatten sie sich in der Küche niedergelassen, ging es auch hier los. Es öffnete sich vor ihren Augen der Küchenschrank von unsichtbarer Hand. Töpfe, Teller und Tassen wurden herausgenommen, es flogen Handtücher umher, es donnerte an Türen und Fenster und war eben so, wie es immer war, wenn Arme Seelen die Erlaubnis bekommen hatten, sich zu melden und ihre Meldung nicht beachtet wurde, sodaß sie zu keinem Gebet kommen konnten.

Grete schwieg weiter, immer in der Furcht: Wenn ich es sage, kann ich draußen schlafen! Dem Vater verging jeder Einspruch. Der Sohn fühlte sich gerechtfertigt, was seine Angst fast verscheuchte. Nachdem es eine sehr lange Zeit gedauert hatte, wurde es endlich still, aber sie saßen doch noch betend bis zum Morgen beisammen. Nur die Kinder waren eingeschlafen. Beim ersten Tagesgrauen gingen sie wieder durchs Dorf in ihre Wohnung zurück. Hier erklärte Grete endlich, was es gewesen war.

Die Frau war sehr vernünftig und sagte: "Das hättest du doch gleich sagen müssen, dann hätten wir gewußt, wer sich meldete, denn wir haben doch gerade genug Tote in der Familie. Hier ist doch fast die halbe Dorfeinwohnerschaft erschossen worden; da hätten wir doch für sie beten können." Aber der Mann sagte nur: "Grete, so gerne wir dich hier haben, aber eine Nacht darfst du nicht mehr hierbleiben, das ertrag' ich nicht." So kam es, daß Grete, wenn auch reich beladen, sofort wieder heimfahren mußte. Es wollte sie niemand um sich haben. Kein Wunder, daß auch sie diese Vorgänge nicht verbreitete.

Als uns Grete das alles so erzählte, die Frau beschrieb, die ihre Gebete unterbrach, um dazwischen ihren Mann auszuschimpfen, der nichts glauben wollte und wütend wurde, weil er es glauben mußte; Grete bis zum Hals zugedeckt im Bett liegend und ängstlich alles verfolgend; dann den Zug bei Mitternacht durchs Dorf, da haben wir natürlich alle sehr lachen müssen. Es ist uns damals nicht zum Bewußtsein gekommen, wie sehr die Toten sich nach Gebeten gesehnt hatten und wie sehr sie mögen gelitten haben, als nicht gefragt wurde. Wir kehrten eben immer wieder in unsere alte Welt zurück und waren noch weit davon entfernt, uns der Erkenntnisse würdig zu zeigen, die Gott uns gab.

## Ein Ermordeter geht um

Nun kommt das letzte und schaurigste Erlebnis. Vorausschicken muß ich, daß Herr Brand einen Schwager hatte, der am Annaberg ein Friseurgeschäft betrieb und dageblieben war, als die Russen kamen, um das Geschäft zu retten. Seine Frau war in den Westen geflohen, sodaß er allein zu Hause war. Leider trank er gern. Eines Tages war er zu einem ebenfalls dagebliebenen Bekannten gegangen, der im Nachbardorf eine Fleischerei und Gastwirtschaft betrieb. Bei allen seinen Gängen begleitete ihn immer sein großer Schäferhund.

In der Gastwirtschaft verkehrten auch Polen. Nun war es wohl zu einem Wortwechsel gekommen, und im Rausch hatte er ihnen die Wahrheit gesagt, die sie wohl nicht hören mochten. Jedenfalls fand man ihn am nächsten Morgen tot in der Gaststube vor, und sein Hund saß neben ihm. Da die Leiche Würgemale am Hals aufwies, wurde sie von der polnischen Staatsanwaltschaft beschlagnahmt. Nach acht Tagen gab man sie zur Beerdigung frei, da es sich höchstwahrscheinlich herausgestellt hatte, daß Polen die Mörder waren. Das Verfahren wurde eingestellt. Deutsche waren ja vogelfrei.

Zu Herrn Brand kam die Nachricht vom Tode seines Schwagers erst nach vier Wochen. Ein ebenfalls Dagebliebener teilte sie brieflich mit, ohne natürlich alles genau anzugeben. Das wäre zu gefährlich gewesen.

Sechs Wochen nach dem Tode des Schwagers, wir schrieben den 25. Juli 1946, und es war sehr heiß. Wir hatten wie immer nachts alle Türen offen, da wir kein Fenster aufmachen durften, weil es gang und gäbe war, durch offene Fenster einzusteigen. Um 11.50 nachts begann es bei uns leise an die Wohnungstüre zu klopfen. Wir hörten es alle, denn unser Schlaf war selten tief. Wir reagierten nicht, weil es oft vorkam, daß der Besuch der Polen, wenn er nachts nach Hause ging, einfach angewiesen wurde, uns herauszuklopfen, damit wir ihnen das Haus aufschließen sollten.

Nach einigen Minuten klopfte es wieder. Wir verhielten uns still und dachten: Soll er sich einen Schlüssel holen. Hieraus kann man wieder ersehen, daß wir trotz der nun schon sieben Monate dauernden Klopferei der Toten an unsere Türen und Fenster doch zuerst immer an die reale Wirklichkeit dachten und niemals gleich von überirdischen Vorgängen überzeugt waren. Nun klopfte es aber zum dritten Male, und zwar etwas lauter. Wir hatten uns inzwischen leise miteinander unterhalten und nahmen an, daß jemand aus dem Haus noch zu uns wolle. Frau Brand ging in die Diele und fragte, wer da sei. Inzwischen waren wir alle aufgestanden, weil man niemals wissen konnte, was nun geschah. So standen wir alle hinter Frau Brand und hörten, wie es wieder klopfte. Auf unsere Frage kam keine Antwort. Wir dachten, der Betreffende habe sich wieder hinaufbegeben, und legten uns in unsere Betten. Es war längst zwölf Uhr vorbei.

Grete schlief seit dem Tod des Großvaters in der Küche auf der Couch. Da kam auf einmal durch die offene Küchentür ein Schuh von ihr geflogen. Nicht lange darauf flog der andere Schuh hinterher. Nun wußten wir, was es war. Wir ließen nicht fragen, da wir endlich schlafen wollten, doch ging es weiter.

Jetzt klopfte es ganz stark an die Balkontür der Küche, die dicht neben Gretes Lager war. Grete fragte, ohne Antwort zu bekommen. Da klapperte es mit einem großen Topfdeckel. Wieder meldete sich auf Befragen niemand. Unser Schlaf war nun selbstverständlich hin, und wir hatten in allen Zimmern Licht brennen.

Auf einmal sah Grete eine Hand, die das fünfzig Zentimeter hohe Kreuz, das an der Küchenwand hing, von der Wand nahm und auf den Tisch in der Mitte der Küche legte. Wieder fragte sie und wieder kam keine Antwort, was viel schlimmer ist, weil man sich die schrecklichsten Vorstellungen macht, wer das sein könnte.

Nun nahm dieselbe Hand das Kreuz vom Tisch und stellte es auf die weiße Küchenkommode und lehnte es dort gegen die Wand. Wieder meldete sich niemand. Aber auf einmal stand der Schemel auf dem Küchentisch, und darauf lag ein Marienbild, das von der Wand genommen war. Und wieder hat sich niemand gemeldet.

Zwischen diesen Vorgängen blieben meist einige Minuten Zeit, manche folgten sich aber auch direkt. Wir gingen indessen hin und her, da wir uns nicht ins Bett trauten, blieben aber meist bei Grete in der Küche, wo sie in ihrem Bett lag, da sich alles um sie abspielte. Es waren fünf erwachsene Menschen in der kleinen Wohnung. Da schrie Grete auf: "Seht doch, seht doch, ein Licht brennt vor dem Kreuz!" Und richtig, vor dem Kreuz brannte eine halbe Kerze, die ganz hinten in der Küchenschublade gelegen war. Zwei Streichholzschachteln lagen daneben, in der einen waren aber nur abgebrannte Streichhölzer, die zum Gasanzünden gebraucht wurden. Beide Schachteln lagen sonst auf dem Küchenofen.

Nun knieten wir alle nieder und beteten für den, der unter uns war. Niemals hat eine Arme Seele ein Gebet, also eine Unterredung mit Gott, gestört. Hernach gingen wir, da wir alle nur sehr leicht bekleidet waren, wieder in unsere Betten, ließen aber alle Lichter brennen. Nur meine Schwester, die sehr mißtrauisch war, blieb im Wohnungsflur in der Küchentür stehen und beobachtete Grete weiter, mußte aber feststellen, daß diese sich nicht von ihrem Lager erhob.

Nun überstürzten sich die Ereignisse in der Küche: Wir hörten zunächst nur etwas, was wir nicht sahen, sondern nur an den Geräuschen erkannten, und zwar zweimal, wie mit der Kohlenschaufel aus dem Kohlenkasten, der vor dem Küchenofen stand, Kohlen aufgenommen wurden. Hernach rauschte vor unseren

Augen die Wasserleitung. Auf dem Fußboden waren weiße Flecken von der Kalkseife, mit der sich jemand die Hände wusch. Wir sahen alle genau, wie die Wasserleitung aufgedreht wurde, wie ein Fleck nach dem andern auf dem Fußboden entstand, ohne aber denjenigen zu sehen, der das tat. Dann knarrte die Tür des Küchenbüfetts. Vor unseren Augen wurde eine Tasse samt Untertasse auf den Küchentisch gestellt, an dem wir alle Tage aßen.

Da es weit über Mitternacht war und alles grausig genug, versuchten wir, uns auf humoristische Art darüber hinwegzuhelfen. Da es zufällig meine eigene Tasse war, sagte ich: "Was nützt mir die Tasse, wenn nichts darin ist." Beinahe sofort wurde aus der Kaffeekanne, die auf dem Herd stand und in der noch ein Rest Kaffee war, davon etwas eingegossen, alles vor unseren Augen.

Gleich darauf wurde das Brot aus dem Brotkasten auf den Tisch gelegt, ein Messer und ein Frühstücksbrettchen daneben und eine Schüssel mit eingesalzenem Fleisch, das dicht neben der Balkontür auf dem Fußboden stand, da es dort am kühlsten war. Dann putzte sich der Geist die Schuhe. Laut und deutlich hörte man das Streichen der Schuhbürste, ohne diese Handlung zu sehen. Wieder rauschte die Wasserleitung, was man klar vor sich sah, und wieder entstanden auf dem Steinfußboden in der Küche weiße Flecken von der Kalkseife. Dann wurde das Licht, das neben dem Kreuz brannte, ausgelöscht. Darauf schloß der Geist laut und vernehmlich die Balkontür auf, eine Doppeltür, die sich vor unseren Augen öffnete. Man hörte das Knarren der ersten und gleich darauf das Aufschließen der zweiten Tür. Die

Balkontüren blieben weit offen, und die kühle Nachtluft wehte herein. Hernach war Ruhe.

Langsam gingen wir wieder in unsere Betten. Sehr spät erst nahm uns der Schlaf in seine Arme. Zwei Tage war Ruhe, aber diese Vorgänge hatten uns sehr aufgeregt, sodaß wir uns vor den Nächten fürchteten. Als aber die nächsten beiden Tage und Nächte ruhig blieben, hofften wir, daß nun alles vorbei wäre. Aber es war noch nicht vorbei.

Am 28. Juli ging es wieder los, noch grausiger als zuvor. Wieder war es kurz vor 12 Uhr nachts. Wir lagen alle in unseren Betten, hatten die Lichter gelöscht, die Türen aber der Hitze wegen alle weit offen, auch die Tür zum Badezimmer. Da fing es wieder an, an die Wohnungstür zu klopfen. Wir wachten alle auf, reagierten aber nicht darauf, weil wir wie das erste Mal annahmen, es wolle jemand aus dem Haus hinausgelassen werden. Dann fing die Wasserleitung in der Küche an zu rauschen, und Frau Brand fragte sofort: "Grete, wäschst du dich jetzt?" – "Nein", sagte Grete, "ich schlafe ja", was auch nicht ganz richtig war, aber sie wollte damit nur sagen, daß sie in ihrem Bett in der Küche lag.

Wir waren alle hellwach, machten aber noch kein Licht, um unseren Schlaf vielleicht noch zu retten. Da hörten wir, wie in der Diele schwere Schritte hin- und hergingen. Uns allen standen buchstäblich die Haare hoch. Mein Herz klopfte zum Zerspringen. Die Schritte gingen hin und her, und ich betete heiß, daß sie nur nicht zu mir kämen. Niemand wagte ein Wort zu sprechen, aber alle unsere Sinne waren bei dem Vorgang im

Flur. Und dann rief es auf einmal, aber wirklich wie mit Grabesstimme, ganz tief dreimal hintereinander: "Hermann! Hermann! Hermann!" Der Rufer mußte im Flur stehen, man konnte fast den Platz bezeichnen, aber zu sehen war nichts.

Uns grauste, denn alle fünf hatten wir ganz deutlich den Ruf vernommen. Ich durchbohrte die Finsternis mit meinen Blicken, sorgsam das Bett bis zur Nase hochgezogen, um im Notfall gleich darunter verschwinden zu können. Wirklich keine schöne Situation, mitten in der Nacht einen Toten keine drei Schritt entfernt zu wissen und vor allem nicht zu wissen, wohin er sich wenden würde, denn er war ja nur zu hören. Wir verboten jedoch Grete zu fragen, denn wir hatten genug von den Aufregungen und wollten nichts mehr wissen, gar nichts mehr. Aber es ging nicht nach uns.

Jetzt kam aus der Diele ganz laut der Ruf: "Betet für mich!" Gleich darauf hörten wir ein lautes Ächzen und Stöhnen, ein Gurgeln und ein fürchterlich angstvolles Röcheln, so als ob jemand erwürgt würde, und dann sagte eine dumpfe Stimme ganz laut: "Ich bin so schlecht gestorben."

Wir fuhren entsetzt hoch, drehten alle Lichter an, warfen die Betten von uns und rannten zueinander, durch den Korridor hindurch, so schrecklich es uns auch war. Niemand wollte allein bleiben. Frau Brand rannte in die Küche und holte Grete. "Komm her zu uns", sagte sie, "du mußt bei uns schlafen; wir wollen Ruhe haben." Als ob dadurch Ruhe geworden wäre! Aber wir hatten uns eben die Hoffnung auf Ruhe nicht abgewöhnen können.

So waren wir nun alle im Schlafzimmer. Ich sagte zu Herrn Brand: "Ist das Ihr Schwager, der hier unter uns umhergeht?" – "Ja", sagte Herr Brand, "es ist Hermann, ich hab' es mir gleich gedacht. So ist er also doch ermordet worden." Und während wir noch sprachen, sagte dieselbe dunkle Stimme auf einmal genau zwischen uns so klar und deutlich, als ob der Sprecher zwischen uns stünde: "Warum habt ihr solche Angst vor mir?" Dann kam noch einmal das fürchterliche Würgen, so wie wenn jemand erstickt und keine Luft mehr bekommt. Dann war endlich Ruhe.

Wir knieten nieder und beteten für ihn. Dann gingen wir in unsere Betten, aber die Lichter brannten die ganze Nacht, und oft schreckten wir noch aus unruhigem Schlaf empor. Doch es geschah in dieser Nacht nichts mehr.

"Warum habt ihr solche Angst vor mir?" fragte der Tote. Wir fanden diese Frage ganz überflüssig, zumal das Wort "Angst" nicht annähernd den Zustand ausdrückte, in dem wir uns befanden, als ein Toter, der eigentlich schon sechs Wochen im Grab hätte liegen müssen, hier zwischen uns herumging, laut und deutlich zu uns allen sprach, sodaß wir es alle zum erstenmal auch verstehen konnten, wobei man aber den Sprecher nicht sah und dadurch jeden Augenblick gewärtig sein mußte, daß er einen anfaßte, um seinen Worten dadurch mehr Nachdruck zu verleihen. Wir wären am liebsten einer im anderen verschwunden, nur um nicht mit dem Toten in Berührung zu kommen, und waren in diesen Minuten nur von einem Gefühl beherrscht: "Angst".

Außerdem bewies diese Frage wieder sehr deutlich, daß dem Menschen nach seinem Tode die Fähigkeit verlorengeht, sich in das menschlich kleine Wesen der Lebenden hineinzudenken. Mama hatte gefragt: "Warum findet ihr das so seltsam?" (als wir uns wunderten, daß sie an unserem Gespräch teilnahm), und Hermann fragte, warum wir solche Angst vor ihm hätten. Es muß ja für einen Toten sehr schwer sein zu sehen, daß sich seine Angehörigen jetzt vor ihm fürchten. Aber das liegt nun einmal in unserer menschlichen Natur, die nur eine sichtbare Welt anerkennt, weil unsere Augen noch "gehalten", d.h. befangen sind.

Hermann kam noch einmal am 8. August 1946 um 10.46 Uhr abends zu uns, als wir gerade zu Bett gegangen waren. Um 10.40 Uhr klopfte es an die Wohnungstür, aber wir reagierten zunächst noch nicht, obwohl wir ahnten, daß es nicht von menschlicher Hand hervorgerufen wurde. Um 10.47 Uhr rief es wieder mit dunkler Stimme im Korridor: "Hermann!" Da begannen wir vor Angst zu zittern. Niemand ging aus seinem Bett, und alle warteten noch ab.

Um 10.51 Uhr sprach dieselbe Stimme ganz tief und laut: "Ich wurde gemordet." (Er sagte "gemordet", nicht "ermordet".)

Herr Brand sagte zu Grete: "Frag, wer ihn gemordet hat."

Und Grete fragte: "Wer hat dich gemordet?" (Auch sie bediente sich dieser Formulierung.)

Ganz dumpf antwortete die Stimme: "Dort, wo man mich gefunden hat."

Einige Minuten später, um 10.58 Uhr, als wir uns aus den Betten heraus über den Fall unterhielten, schrie Grete laut auf. Wir stürzten alle zu ihr und sahen ein Handtuch so fest um ihren Hals geschnürt, daß es tiefe rote Streifen hinterließ. Wahrscheinlich wollte der Tote damit die Art seiner Ermordung zeigen. Als sich Grete etwas erholt hatte und wir noch bei ihr saßen, sagte Herr Brand: "Frag doch noch einmal, wer ihn ermordet hat," denn er wollte doch Nachforschungen anstellen, und es ging ihm sehr darum, den Täter zu kennen. Grete fragte also noch einmal: "Wer hat dich ermordet?" Aber darauf kam keine Antwort. Offenbar lag es nicht im Willen Gottes, daß der Tote den Namen preisgab. Gott selbst wollte der Rächer sein.

Frau Brand machte Grete noch immer Umschläge, Herr Brand und meine Schwester gingen wieder in ihre Betten. Ich blieb bei Grete sitzen. Als alles weiter ruhig blieb, wollte ich in mein Bett gehen. Frau Brand ging ins Schlafzimmer, um ein sauberes Handtuch zum Wechseln der Umschläge zu holen. Während wir auf der Schwelle der offenen Küchentür, also dicht neben dem Lager von Grete standen, schrie Grete schrecklich auf. Wir drehten uns um und sahen sie neben ihrem Bett auf dem Boden liegen. Ihre Hand war gewaltsam geöffnet worden und ein kleines Kreuz, das an der entgegengesetzten Wand hing, ganz fest hineingedrückt. Wir betteten sie wieder auf ihr Lager. Als sie sich erholt hatte, fragte sie: "Was hat das zu bedeuten?" Da kam die Antwort: "Mit diesem Kreuz sollst du dich hingeben, indem du dich aufopferst für die Armen

Seelen, und jeden Tag die Hl. Messe für die Armen Seelen beten."

Wir blieben lange bei Grete sitzen und beteten, aber dann war Ruhe, und Hermann kam niemals mehr zu uns.

## Die letzten Armen Seelen

Bis Ende August 1946 kamen noch einige Arme Seelen zu uns. Die vorletzten waren, wie ich schon erzählt habe, meine beiden Schwestern Gertrud und Magdalena, die sich am 31. August für die Hl. Messe bedankten, die ich an diesem Tag für sie hatte lesen lassen.

Der letzte Tote, der sich bei uns meldete, kam auch am 31. August und klopfte abends 11.03 Uhr laut an die Balkontür in der Küche. Auf die Frage Gretes antwortete er: "Heinrich Marlenka. Meine Frau soll für mich beten und soviele Kommunionen aufopfern, wie sie kann."

Dann hat Gott unsere Gebete erhört und den Toten nicht mehr erlaubt zu kommen.

# Schlußwort

Die Vorgänge sind über uns gekommen wie Naturereignisse. Sie brechen herein, und man kann sie nicht verhindern. Wir haben uns dem allen gegenüber recht menschlich benommen, waren voller Furcht und Abwehr, zuerst sehr ungläubig und durchaus nicht würdig dieser Gnade. Nur unsere Gebete für die Armen Seelen haben wir aus tiefstem Herzen gesprochen. Das Mitleid mit ihnen beherrschte uns, und wir haben alle ihre Wünsche erfüllt. Die Liebe und das Mitleid mit den Armen Seelen wird uns bis an unser Lebensende beherrschen, und das ist wohl für uns der größte Gewinn aus diesen Erlebnissen.

Aus meinen Aufzeichnungen, die einen Leitfaden für alle diesbezüglichen Fragen darstellen – denn mit Absicht hat Gott alle möglichen Situationen beleuchtet – ergibt sich folgendes: Unser irdisches Leben ist ein Übergang zu einem vollkommeneren Leben, wo wir, losgelöst von aller Erdenschwere, befreit von den Sorgen für unseren Leib und seine Ansprüche, die ja unser irdisches Leben regieren, in eine höhere, weit größere Welt eingehen, die für uns eine Vervollkommnung darstellt. Das wäre aber nicht alles, was wir daraus lernen sollen, sondern das wichtigste für uns Menschen ist, daß mit dem irdischen Leben auch unsere Gnadenzeit aufhört und wir von unserem Tode ab nichts mehr für unsere Seele tun können. Kein Gebet, keine guten Gedanken, kein gutes Werk können wir mehr verrichten und damit unserer Seele helfen, sondern wir sind von da ab ganz auf die Gnade Gottes und die Hilfe der Menschen oder der schon Erlösten angewiesen. Und wie es mit der menschlichen Hilfe steht, können wir uns vorstellen.

Kein Wunder, daß die Toten an unseren Türen stehen und um ein Gebet betteln. Aber wer weiß schon, daß sie dort stehen? Nur ganz selten läßt Gott solche Wunder geschehen, wie wir sie erlebt haben, abgesehen davon, daß solche Vorgänge für die Menschen immer sehr aufregend sind und Gott nicht allen Toten erlauben kann, sich für versäumte Gnadenzeiten hernach noch Gebete zu holen. Den Menschen aber hat er in Schrift und Lehre immer wieder gesagt, wie sehr die Toten der Gebete bedürfen, sodaß sich keiner dermaleinst mit Unkenntnis entschuldigen kann.

Und mögen die Menschen bedenken, daß der Dank und die Hilfe der Toten mächtiger ist als die Hilfe der Menschen, da die Toten über ganz andere Kräfte verfügen. Außerdem sind sie unsere Fürsprecher bei Gott. Wenn sie auch für sich selber nichts mehr tun können, so hat Gott ihnen doch zugesagt, daß er ihre Gebete für andere erhören will. Und die Toten sind dankbar, sogar sehr dankbar.

Auch zu uns kann der Tod in jeder Minute kommen, so schnell, wie wir es niemals glauben wollen, wenn wir gesund und jung umhergehen. Aber der Tod geht immer mit uns und hat stets eine Hand auf unsere Schulter gelegt. Er braucht nur zuzufassen.

Mögen deshalb auch alle diejenigen, denen Gott Macht gab oder deren Macht Gott zuläßt, daran denken, daß sie sich für jede einzelne ihrer Taten und für jeden einzelnen, der in ihre Hand gegeben ist, vor Gott verantworten müssen, ganz gleich, ob sie Gott verworfen haben oder nicht. Er kommt doch über sie.

Alles, was hier auf Erden geschieht, ist begrenzt: Leid ist ebenso begrenzt wie Freude. Nur was nach dem Tode geschieht, gilt für ewig: für ewig die Freuden des Himmels, aber auch für ewig – und hier wirkt das Wort so grausig, daß man es nicht niederschreiben mag – die Qualen der Hölle.

Die Toten leben; darum bedenke jeder, wo und wie er hernach leben möchte.

## Gebet für Verstorbene

*O Gott! Du liebst es, allezeit Erbarmen und Gnade walten zu lassen. Darum bitten wir Dich inständig: Gedenke der Seelen Deiner Diener und Dienerinnen, die Du von dieser Welt hast scheiden lassen. Übergib sie nicht der Macht des Feindes und vergiß sie nicht auf immer. Befiehl Deinen heiligen Engeln, daß sie sie aufnehmen und in die himmlische Heimat geleiten. Auf Dich haben sie gehofft, an Dich geglaubt. Laß sie, o Gott, nicht lange die Strafen des Fegfeuers erdulden und nimm sie bald auf in Dein himmlisches Reich. Durch Christus unsern Herrn. Amen.*

(Aus der Messe für die Verstorbenen)

# Inhaltsverzeichnis

* * * * * * *

Bestell-Nr. 1180,
€ 2,80, sFr. 4,80.

Bestell-Nr. 1472,
€ 2,80, sFr. 4,80.

Bestell-Nr. 1427,
€ 2,80, sFr. 4,80.

Bestell-Nr. 1471,
€ 2,80, sFr. 4,80.